上海市普教系统
名校长名师培养工程

传统教学邂逅线上设计

英语课堂教学的融合

「线上导学」与中学

罗凤琴 周杰 张芸

著

上海教育出版社
SHANGHAI EDUCATIONAL
PUBLISHING HOUSE

前言

2020 年 2 月,在疫情防控期间,上海市教委提出了"停课不停学"的要求,上海市各级各类学校纷纷开展线上教学活动。而在复课之后,线上教学与线下教学融合的教学模式慢慢成为学校在教育改革浪潮中探索研究的重要内容与实践的重点方向。

互联网技术的发展、移动终端设备的普及和第三方英语学习类应用程序的大量涌现为中学生的英语学习提供了助力。作为教师,我们也应该积极关注现代信息技术在英语教学应用领域中的进步与发展,为学生搭建自主学习平台,帮学生拓宽学习渠道。在英语课堂教学中,生活化教学情境与信息技术的有效结合能为学生营造一个导向实际效果的学习氛围,有效调动学生学习的积极性,增强学生的英语综合实践能力。

通过一系列的教学实践,我们发现深化信息技术与英语课程的融合能有效提高学生的英语学习水平,主要体现在促进学生的语言能力和学习能力、改变学生对英语学习的情感态度等方面。

本书的编写努力体现以下方面的思考:

一、技术选择与现实的匹配度

线上导学融入中学英语教学的关键在于,技术在教育中的价值不是由技术本身决定的,而是由学习设计者决定的。在中学英语教学中恰当地使用技术,将有助于教师设计出更具情境性、综合性、探究性、合作性及差异性的学习实践活动,从而让学生获得更真实、复杂、丰富的英语学用体验,促进其核心素养的形成与发展。当然,技术的投入也需要考虑成本和产出。在英语教学中,用了"高技

术"并不意味着一定有"高产出";有时,小技术也能发挥大作用。选择合适的技术,哪怕小如微课、微视频、语音采集和评价系统等,只要是出自真实的教学需要,且与校情、学情相匹配,在具有先进教学理念的优秀骨干教师的研究、创新和引领下,也能创造高价值。

二、教学设计与学生体验的效度

线上教学和线下教学的设计一样,都具有导引性,都需要基于对学生的已知与新知、态度与情感、环境与氛围等综合分析来制定。学生的自主性是重要前提。如果一个学生缺乏基本的自主学习积极性以及能力与方法,那么他大概率会学而时"弃"之,学习效果也不太理想。而一旦学生具备了一定的自主学习积极性,掌握了一定的能力与方法,那么其学习体验也将不同于以往。在技术的加持下,学生将更频繁、深入、切实、即时地体会到学习的成就感。此外,教师的幕后作用也不可或缺。教师要以自身的学科素养、技术素养和人格魅力去引领学生,引导他们在融合技术的环境下开展自主的学习和自我实现的学习,克服面对技术时怕生避难的心理,将技术化作学习的强大助力,在应用技术学习英语的过程中获得积极的体验,使英语学习更持久、更深入。

三、学科核心素养培育的达成度

线上导学具有短、平、快的特点:时间短,容易聚焦学生的注意力;内容循序渐进,有助于缩小不同水平起点学生的差距;学习目标明确、清晰,容易快速达成。在基于线上导学的课堂教学实践中,教师通过微课、微视频等落实课前线上导学,学生通过课前自主学习、课上小组活动和展示交流、课后持续深入探究,结合教师及时的帮助与指导,实现知识的系统建构。学生在参与线上、线下教与学的整个过程中,其知识、技能、思维、策略等素质要素充分交融,相互作用,进而形成素养。从实验数据、问卷调查及访谈等结果看,将以建构主义理论为基础的线上导学融入中学英语课堂教学,的确能在促进学生形成并发展核心素养方面取得不俗的实效。

　　本书体现了上海市第四期普教系统名校长名师培养工程"攻关计划"英语张芸基地在线上线下融合教学方面的一些研究与实践,期望对基础英语教育工作者有所启发。

本书编写组
2023 年 3 月于上海

目/录

▶ 第一章

"线上导学"与中学英语课堂
教学融合的背景与内涵

第一节　上海(中学)英语教学的传统与现状

一、上海英语课程教学改革的历史回顾

(一) 课程教学改革的总体进程与阶段重点

上海基础教育的两项重大工程——"一期课改"和"二期课改",无论在理念目标、推进策略还是地方课程标准的形成方面都积累了宝贵的经验,为现阶段上海"二期课改"的深化乃至全国基础教育课程教学改革都提供了有益参考。

1. 一期课改

上海的"一期课改"从 1988 年开始到 1997 年结束,历经 10 年。"一期课改"的实施是整个国家经济社会发展推动的结果。1983 年,邓小平同志作出"三个面向"的指示,即教育要面向现代化、面向世界、面向未来,其影响非常深远,上海基础教育改革由此发轫。

"一期课改"以"两个改变、三个突破"为目标:改变"应试教育"课程教材体系,改变单一的必修课程模式;在减负提质、双基和能力培养、个性发展三方面有所突破。"一期课改"秉持"以提高学生素质为核心",目的是培养学生良好的思想素质、文化素质、身心素质和劳动素质,同时使他们的个性健康得以发展。

"一期课改"方案有许多特色,包括:构建多渠道、全方位的德育课程体系;确保基础,语文、数学、外语占 50% 课时;减负增效,控制作业量,限制考试,关注非智力因素;重视个性才能的健康发展;体现地区特色;等等。

"一期课改"不但更新了人们对素质、基础、人才等的看法,而且突破了一直以来人们只改变教学方法的局面,探索改革了一些学科的教材体系,建立了以"素质"为中心的平面三角形课程论架构。三角形课程论架构以社会需要、学科体系、学生发展为基点,以提高学生的整体素质为中心(简称"三个基点、一个中心"),创新性地设计了必修、选修和活动类课程,改变了原来一直沿用的"教学大纲",使用了"课程标准"的表述。

2. 二期课改

上海的"二期课改"从 1998 年开始到 2017 年结束,历时近 20 年。20 世纪

90 年代末,随着信息技术和知识经济时代的到来,教育领域迫切需要进行相应的改革和调整,以培养大量的创新型人才和具有国际竞争力的人才,面向 21 世纪的课程教学改革浪潮由此形成。

基于时代背景的变化,"二期课改"的基本理念是"以学生发展为本",重点培养学生的创新精神和实践能力,加强德育,以信息化带动课程教学的现代化。

"二期课改"方案有五大特点:一是建立以功能性课程为主干的多维度课程结构;二是加强课程的分级管理,助力学校课程建设;三是加强课程的可选择性,利于因材施教;四是加强课程的实践性,体现学以致用;五是加强课程的综合性,顺应社会需求。

"二期课改"激发和生成了多样化的教学方法。在"二期课改"的课堂教学中,分层、分组教学或自主、合作学习更加普遍。教师不仅进一步研究学生的学习意识,还注重强化学生的自主发展意识,同时教师的课程意识和适应新课程教学的能力也得到了提升。

"二期课改"取得了许多重大成果,包括:构建"以学生发展为本"的三棱锥课程论模型,强调学生素质的动态性与发展性;构建以基础型课程、拓展型课程和研究型课程为主干的课程结构;开发利用社会教育资源实施新课程,充分拓展学习时空,丰富学生学习经历;注重学校课程与社会实践的联系,实施以"两纲"教育为核心的德育,在学科育人中渗透德育。

3. 深化"二期课改"

党的十八大和党的十九大在发展素质教育方面都提出了更高的要求,强调必须"把立德树人作为教育的根本任务","落实立德树人根本任务,发展素质教育",这些要求必须全面落实到普通高中课程方案和课程标准之中。基于此,上海从 2018 年开始进行"二期课改"的深化。

2014 年,国务院印发《关于深化考试招生制度改革的实施意见》,要求对高中课程和高考改革进行统筹谋划,做好衔接。在此背景下,《普通高中英语课程标准(2017 年版)》下发,并于 2018 年秋季开始施行(后于 2020 年修订,以下简称"新版《课程标准》")。新的课程方案强调为学生的终身发展奠定基础,进一步明确了普通高中教育的定位,同时课程结构进一步优化,增加了课程的选择性,为不同发展潜能的学生提供个性化的课程。

新版《课程标准》结构更完整,内容更全面,具有时代性。它进一步强化了社会主义核心价值观教育等内容,新增了"学科核心素养"部分,紧贴经济社会发展和科技进步新成就;实施要求主要从实际需求出发,更具指导性、可操作性;对教材编写、教学实施、考试评价都有了更为具体的操作指导,增加了教学和评价案例、命题建议等,有助于教师准确理解和把握课标要义,确保课标能够落地。此外,新版《课程标准》新增了"学业质量",明确学业质量是对学生多方面发展状况的综合衡量,确立了新的质量观,研制了学业质量标准,把学业质量划分为不同水平。

新的高中课程方案和课程标准把学习内容分为必修、选择性必修和选修三类,与高中学业水平考试、统一高考相关要求及学生兴趣特长发展需要相匹配。在考试命题方面,各学科细化了评价目标,加强了对学科素养的测评指导。

(二)课程教学改革促进英语教学方法的变革

从"树木"到"森林"再到"造林",基本概括了上海实施课程教学改革20年来高中英语学科教学方法的变革轨迹。起初,教师倾向于把原本是一片"森林"的课文分解成一棵棵孤零零的"树木",学生在教师的指导下仿佛手执放大镜,仔细查看"躯干""枝丫""树皮""树叶",课堂气氛相对沉闷。教师讲、学生听,教师写、学生抄,学生做、教师批,构成了英语教学的常见模式。"一期课改"后,教师明白了"整体教学"理念的内涵,注意到割裂课文进行词、句、段讲解的弊端,开始尝试整体教学的方法,逐渐有了"引入""语篇理解""词汇学习""初步运用""综合运用""复习巩固"的教学环节和流程意识,课堂活动的量由少变多,形式由单一走向多样,pair work、group work 等以往从未尝试过的活动组织方式为课堂注入了更多活力。

"二期课改"为教师在思想、方法上的改变指引了方向。围绕一个主题开展的任务型教学法为教法变革带来新的动力,它是建立在任务基础上的以学生为中心的教与学,主要指向综合语用实践能力的培养,而不是具体的单方面语言知识或单项语言技能的训练,有助于在语言学习和语言运用之间搭建桥梁,引导学生更多关注语言的实际意义和创造性运用。围绕主题开展的各项学习活动为最后的一个大任务服务,形成了递进式的教学流程,每个活动都在前一个活动的基础上推进,直到综合性任务所需的语言素材、语言框架和语言能力能够结合在一起,目标是完成最终的任务。这样的教学方法形象一点说,是让学生在看到一片"森林"后,通过学习操练了解有关"森林"这个主题的内容,最后完成自己动手"造林"的任务。

(三) 课程教学改革催生学习新样态之"线上导学"

进入 21 世纪,信息技术深刻地影响着人们的生活,包括生活内容、生活方式和生活习惯。培养学生的信息素养,把信息技术与学科课程整合起来,使信息技术成为资料的来源、交流的平台和认知的工具,将使课堂教学发生革命性的变化。

上海在实施"二期课改"期间,提出了信息技术和课程教学的整合,随后又在深化"二期课改"的过程中,逐渐明晰了"线上导学"的概念,并初步探究了其意义和价值。新版《课程标准》也明确指出:"普通高中英语课程应重视现代信息技术背景下教学模式和学习方式的变革,充分利用信息技术,促进信息技术与课程教学的深度融合,根据信息化环境下英语学习的特点,科学地组织和开展线上线下混合式教学,丰富课程资源,拓展学习渠道。"

"线上导学"不仅有助于拓宽学生的学习途径,丰富其学习经历与体验,更有助于学生在过程中实践自我管理,养成良好的学习习惯,自主、高效地开展学习,提高学习能力。

二、信息技术助力英语教学的发展历程

信息技术是管理和处理信息所采用的各种技术的总称,在生产与生活的各方面都得到了广泛的应用。随着信息技术与教学的深度融合,各种各样的教育技术应运而生,并形成了信息化教学的新模式。截至目前,信息技术在英语课堂上的应用主要分为以下四个发展阶段。

(一) 视听技术单媒体阶段

视听技术的单媒体主要包括实物投影仪、录音录像机等。作为最早出现并应用于教学的单媒体,实物投影仪为学生提供了形象直观的画面,激发了学生的学习兴趣,加深了他们对教学内容的认知和记忆,同时也丰富了教学内容的呈现

形式。在传统英语课堂中,听说训练一直不受师生重视,教师普遍只重视语法词汇的讲解,而录音录像机等电声设备改变了这一现象。学生通过收听录音机,能够模仿并练习地道的英语发音。教师则用录像机播放英语母语人士录制的视听材料,帮助学生了解英语国家的风土人情、文化风貌,既开阔了他们的视野,又丰富了英语课堂,学生的听说能力也得到了提升。然而,早期的视听设备只能达到单一的功能,无法实现多维的教学效果。

（二）语言实验室阶段

20世纪,听说教学法得到广泛的认可与普遍的运用,语言实验室由此诞生。早期的语言实验室整合了录音机、录像机等视听设备和计算机等硬件设备,主要为教师组织课堂活动服务,从而达到视、听、说相结合的效果。将英语课堂放到语言实验室,可以让学生近距离地感受地道纯正的英语发音,并根据自己的水平自由决定操练的重点和次数,增加了语言实践的机会。学生可以自录自听,反复播放,直至满意。教师可以对学生进行个别指导,这有利于各种层次的学生获得同等效果的教育。语言实验室的出现意味着信息技术在英语教学中的运用走向集成化和系统化,为现代化多媒体语言实验室的出现奠定了基础。

（三）计算机辅助英语教学多媒体阶段

20世纪中后期,信息技术的迅速发展使计算机与多媒体技术成为应用于英语教学的两大核心技术。由于资源整合控制能力强,操作简便灵活,计算机很快成为有效的教学辅助手段并获得了广泛的应用。教师可以通过计算机整合教学资源,编制新的电子教学材料,修改后保存在电脑里,以便日后随时选取使用。

多媒体,顾名思义,就是各种媒体的组合。计算机和多媒体技术将文本、图像、音频、视频等媒体有机地融合在一起。现阶段,信息技术最重要的应用形式是课件。课件因能够灵活生动地展示教学内容,一经推出便受到教育界的重视。如今它已成为教学中最常用的辅助手段,许多英语教材都配有相应的多媒体材料和课件,既方便了教师备课,又丰富了教师的教学手段。此外,还可以利用计算机和多媒体技术开发各种英语教学相关软件和游戏,这样做不仅能丰富教学方法,还能激发学生的学习兴趣,从而营造更浓厚的课堂氛围。在教学过程中,教师可以利用计算机和多媒体创造各种真实的情境,比如利用课件呈现常用的表达或教授单词和句型的用法,播放录音让学生跟读或播放视频让学生沉浸其中。当学生利用所学知识参与课堂活动时,他们便成为学习的主体。

计算机辅助英语教学实现了从传统的纸质教学向无纸化教学的转变。它改变了教师和学生在教学活动中的角色,形成了以学生为中心的课堂教学模式,被视为英语教学发展的重要阶段,也是应用最广泛的阶段。

(四) 信息技术与英语教学相融合阶段

如今,随着计算机技术、多媒体技术和网络技术的发展,信息技术不再是单一的教学辅助手段,英语教学已经进入"互联网+"时代。现阶段,互联网在资源配置上的优化和整合使英语教学走向数字化、网络化、智能化、系统化和多样化。教师可以利用 App、微课网络平台等技术探索新的教学模式。例如,信息化教学中流行的多元互动教学模式要求教师优化课堂教学结构,强调教学内容和教学方法上学生的主体地位,利用网络多媒体创造和谐的课堂教学情境,设计多样化的教学活动。通过人机交流、师生互动和生生合作,学生可以实现知识的有序内化和意义建构。互动交流贯穿整个教学活动,学生积极地与同龄人合作,教师不再仅仅传授知识,而是组织课堂教学,指导语言实践。

随着信息技术的发展,越来越多的新技术被应用于现有的教材。比如上外版上海高中英语教材定制了配套课件,实现了纸质产品与数字产品的深度融合。课件呈现与纸质教材完全同步的内容设计,配以丰富的补充资源,为教师开启了全新的教学体验。课件界面直观,操作便捷,近 30 种功能强大的实用工具能够满足备课授课过程中屏幕缩放、页面定位、链接、板书、课堂互动等五大需求。课件"资源库"包含教材中的所有文字素材和音频资源,并以 Word 文档形式提供新编补充资源,不仅节省了教师的备课时间,丰富了课堂活动,还为学生打造了立体的语言学习环境,有助于他们深入理解课文内容。与此同时,出版社联合 K12 网站提供教学设计、教学课件、教材培训、教材研究等资源,为学生和教师提供分层的学习和教学资源,包括同一主题的多视角、多模态语篇和音视频资源,可选用的词汇、语法讲解和练习,可选用的听说读写材料,完成各种活动所需的背景资料和辅助资源等。又如很多新出版的英语教辅使用了物联网技术中的二维码技术,书上的每一个练习都配备了视频素材,学生只需用手机扫码就可观看相关视频并完成练习。这样的技术使学生的积极性和自主性得到了很大的提升。一些电子教材的网络平台甚至将教学内容设计成在线小游戏,大大增强了学习的趣味性和互动性。从以上几个例子可以看出,信息技术与英语教学的融合改变了传统课堂的教学模式,体现了"以学生为中心",实现了真正的信息化教学。

三、应疫情而生的英语教学之变

苹果公司创始人乔布斯生前曾提出一个疑问:"为什么计算机几乎改变了所有领域,唯独对学校教育的影响小得令人吃惊?"这就是有名的"乔布斯之问"。然而,2020 年底的疫情彻底打破了原先互联网难以影响教育行业的现状,催生了一场教育革命。突如其来的疫情使教与学的主阵地从原本的实体课堂转移到线上课堂,无意间触发了一次全球性的大规模在线教育实战。

（一）"停课不停学"的上海实践

疫情期间,作为全球大规模实施"停课不停学"的国家,中国的在线教育在经历了一开始的种种问题后,且行且修正,很快实现了稳步推进,顺利完成了既定目标。回望 2002 年底至 2003 年中的非典疫情,我国的信息化建设还不够先进,哪怕是高三学生也只能停课在家,这给学校教育带来了不小的冲击。而如今,面对新冠疫情造成的教育教学困境,得益于发达的在线教育技术和资源,我们做到了"停课不停学",让学生在家也能用好网络上好课。

回顾这段特殊时期,全国各地有许多做法都值得我们借鉴。以上海市教委牵头统一制作的全市中小学在线视频课程"空中课堂"为例,市各学段、各学科1000 多名优秀骨干教师按照课程标准录制相关课程视频,让全市所有中小学生都有机会聆听平日在各学校组织范围内接触不到的学科专家们录制的视频课,体现了优质资源共享的教育理念。又如为满足师生居家学习和在线教育需要,上海规定中小学同时提供电子版教材和纸质版教材。电子版教材可通过多种方式下载,具体下载渠道同步通知学生和家长。纸质版教材的发放遵循"消毒防控、自愿预约、分散领取、确保安全"原则,家长可自愿选择是否领取纸质版教材。值得一提的是,上海市教委当时特别指出,目前提供的是托底方案,各区教育局和学校如果有更好的信息化教学条件和课程资源,也可以自主选择,市级层面不作强制要求。

（二）不同软件的使用及其利弊

"停课不停学"期间,不少地区、学校也启用钉钉、腾讯会议、ClassIn 等软件开展在线教学。数据显示,中国 14 万所学校 290 万个班级在钉钉开课,覆盖了全国 1.2 亿名学生,全国 350 万人民教师在钉钉当起了"主播"。钉钉开发了家校通讯录、打卡、通知、填表、布置作业及云课堂等功能,为开展远程教学提供了有力支持。其中"打卡"功能可以让教师以学校、年级、班级为单位,督促学生背单词、背课文、写作业,帮助学生养成良好的学习习惯,这也是利用网络对学生加强管理的一种手段。据悉,教师尤为喜欢钉钉的"作业提交"及"标记优秀作业"功能,它们既能保证教师第一时间掌握学生的听课情况,也让学生经历了从输入到输出再到教师对作业进行反馈的重要循环。除了批改、点评作业之外,教师还可标记优秀作业,并将链接发送至学生群、家长群,有助于激发学生的积极性。同时,网络的即时性做到了传统教学无法媲美的作业瞬时反馈,学生可在第一时间收到教师的作业点评,并选择订正后再次提交。

除了钉钉,腾讯会议也是一款热门的互联网在线会议、授课工具,它可以把孩子们召集起来组成一个班集体听课、讨论,教师则即时共享自己的电脑屏幕,如幻灯片、文档、板书等。该软件还可用于召开学校的教学管理会议,支持 Web、电脑/手机客户端、电话呼入、小程序快速进入课堂,也就是说用户采用现在任何一种通信手段都可以参与听课。

钉钉虽然有诸多深受师生喜爱的强大功能,但某些功能还有待改进,比如打字有几十秒的延迟,回答问题必须请求连麦等。相比之下,腾讯会议连接稳定,可随时开麦互动,且声音清晰,延迟率低。至于 ClassIn,其计时器、骰子、小黑板、抢答器等功能都让在线课堂尽可能地接近真实课堂,相比钉钉和腾讯会议,教育特征更为明显。

（三）后疫情时代的教学之变

疫情期间,教学从线下转移到线上,教育理念、教学平台、教学方式、教学关系经历了全面变革,形成了时时、处处、人人皆可学的新教育形态。很多关心教育的人士不禁发问:后疫情时代,我们的教学又将走向何方? 对此,不少教育行业从业者认为,结合线上教学的优势,创建线上线下相结合的混合教学模式,无论是对疫情期间的在线教育还是对复学后的线下课堂教学改革都有着重大的理论与实践意义。

学生返校后,教师对线上教学内容进行梳理、总结与反馈,对学生学习情况进行检测,加强师生、生生交流与讨论,将线上教学与线下教学相结合,提高学习效果。教师可根据不同课程特点、教学目标和教学内容,进行线上线下混合式教学设计,制作或收集教学素材,设计教学活动,发布学习任务,在线指导学生分组学习,将课前、课中、课后的学习活动通过线上学习与线下课堂有机结合,培养学生的自主学习和合作学习能力。

总之,线上线下混合式教学可充分发挥信息技术应用的优势,将学习内容问题化、学习过程探究化、学习活动网络化,使学生的主体性得以实现;还可拓宽教学空间,使学生随时随地获取学习资源,形成自主、合作、互动的学习环境,这对提高学生的学习兴趣、合作学习能力、问题解决能力、信息技术素养都具有良好的促进作用。

回望此次大规模在线教育,虽然我们出发时是不得已而为之,但后来我们渐渐发现它对我国未来的教育发展产生了深远的影响。中国互联网教学因为此次疫情已走在世界前列,2020 年会是中国教育新时代的元年吗?

第二节　社会发展与教育理念更迭

一、新课标视域下教育观念和教学实践的变革

当今世界政治多极化、经济全球化、文化多元化逐步加深,信息技术发展迅猛,各种跨文化交流的机遇与挑战日益增多。在移动网络、大数据、信息化环境中成长起来的青少年,思想意识更加自主,价值追求更加多样,个性特点更加鲜明,发展欲望更加强烈。为更好地应对时代变化与社会发展,高中英语课程建设必须与时俱进,高中英语教育教学必须深化改革(梅德明等,2018)。在新形势下,以《教育部关于全面深化课程改革落实立德树人根本任务的意见》《国家普

通高中课程方案》、中国学生发展核心素养体系总框架及其内涵指标等为依据，新版《课程标准》应运而生。

新版《课程标准》提出，普通高中英语课程是高中阶段全面贯彻党的教育方针、落实立德树人根本任务、发展英语学科核心素养、培养社会主义建设者和接班人的基础文化课程（中华人民共和国教育部，2020）。新版《课程标准》强化英语课程的育人价值，课程总目标中明确要求培养学生的中国情怀、国际视野和跨文化沟通能力，使学生学会理解和鉴赏中外优秀文化，树立全球意识，坚定文化自信，形成正确的世界观、人生观和价值观，从而为学生未来参与知识与科技创新，更好地适应世界多极化、经济全球化和社会信息化奠定基础。其基本理念包括：（1）发展英语学科核心素养，落实立德树人根本任务；（2）构建高中英语共同基础，满足学生个性发展需求；（3）实践英语学习活动观，着力提高学生学用能力；（4）完善英语课程评价体系，促进核心素养有效形成；（5）重视现代信息技术应用，丰富英语课程学习资源。梅德明教授进一步认为，新版《课程标准》着力使高中英语课程体现以下七个方面的内容：（1）新时代党和国家对基础教育人才培养的基本要求；（2）高中教育的国际发展趋势；（3）学生自主发展和终身学习的教育理念；（4）高中学段学生发展的共同基础和个性发展的不同需求；（5）融知识、技能、情感态度与价值观于一体的英语学科核心素养培养的基本要求和方法；（6）高中英语课程内容的时代性、基础性、选择性、关联性等原则；（7）基于核心素养形成和发展的高中学业质量评价标准。

可以说，新版《课程标准》是基于国内外新形势，为满足我国高中外语教育教学而修订的，在推动高中外语教育理念革新和外语教与学方式的转变上无疑起着导向性作用：在教育理念上，新版《课程标准》回归英语学科育人本质，以立德树人为宗旨，用涵盖语言能力、文化意识、思维品质、学习能力四个维度的学科核心素养发展取代以往的综合语言运用能力目标，促使英语教育真正地、全面地关注学生作为人的成长与发展；在教学方式上，新版《课程标准》倡导六要素整合的英语学习活动观，试图改变现有的模式化、表层化、碎片化教学模式，通过有情境、有层次、有实效的学习活动实现深度教学；在学习方式上，新版《课程标准》重视培养学生的自主、合作、探究学习意识与能力，提倡学生主动地、个性化地学习,拓宽学习渠道,提升学习效率,为优化英语教学模式、提升学生学习自主性指明了方向。

二、信息技术对新课标理念实施的意义与作用

(一) 信息技术进课堂推动落实普通高中学段育人目标

《国务院办公厅关于新时代推进普通高中育人方式改革的指导意见》(简称《指导意见》)是21世纪以来国办出台的第一个关于推进普通高中教育改革的重要纲领性文件,就推进普通高中教育教学改革、全面提高普通高中教育质量进行了系统设计和全面部署。

《指导意见》提出了一个总体目标和六个具体目标。一个总体目标是:到2022年,德智体美劳全面培养体系进一步完善,立德树人落实机制进一步健全。六个具体目标包括:(1)普通高中新课程新教材全面实施;(2)适应学生全面而有个性发展的教育教学改革深入推进;(3)选课走班教学管理机制基本完善;(4)科学的教育评价和考试招生制度基本建立;(5)师资和办学条件得到有效保障;(6)普通高中多样化有特色发展的格局基本形成。

普通高中的培养目标是进一步提升学生的综合素质,着力发展核心素养,使学生具有理想信念和社会责任感,具有科学文化素养和终身学习能力,具有自主发展能力和沟通合作能力。普通高中教育要突出学生的选择权,强调对学生综合素质的培养,注重形成性评价。

信息技术进课堂能够拓宽学生获取知识的渠道,使学习环境变得更加灵活自由,使学习方式变得更加自主,帮助学生充分利用碎片化时间,在整体上提升学习效率,为学生适应未来的高等教育、职业发展和社会生活做好准备,为推动学生终身发展奠定基础。

信息技术进课堂尤其能够满足学生个性化的学习需求。学生在信息技术的支持下,能够更好地掌控学习内容、学习进程,对学习结果形成"数据"上更为直观的认知,从而可以根据自身的学习基础和学习风格,灵活地调整学习策略和学习节奏。此外,信息技术平台还为个体间的互动交流提供了便利,让学生在几乎无处不在、无时不可的研讨中把学习推向新的深度和广度,在比较和对照中增进对自身学习情况的了解。

当前,固守旧的观念和思路已无法满足时代抛出的各种新问题。教育既要遵循课程发展的内在逻辑,也要符合育人实践的新要求。我们应当密切关注并把握时代发展的动向,借着信息化浪潮之势,充分发挥信息技术进课堂在落实普通高中学段育人目标方面的价值。

（二）信息技术进课堂推动落实高中英语学科育人目标

提高英语教育质量,既需要顶层教育体制和政策的保障,也需要新的教育理念的支撑,还需要技术和手段的支持(程晓堂,2018)。新版《课程标准》指出,现代信息技术不仅为英语教学提供了多模态的手段、平台和空间,还提供了丰富的资源和跨时空的语言学习与使用机会。应用现代信息技术、促进信息技术深度融入英语课程,既是新版《课程标准》基本理念的一部分,也是其教学实施建议的重要一环。可以说,信息技术的使用本身就是新版《课程标准》要求中的一个关键元素,在推动新版《课程标准》教育教学理念的实施方面发挥着不可或缺的作用。特别是在践行指向学科素养培育的英语学习活动观方面,信息技术提供了一个良好的契机,能有效助力英语教学落实学习活动观。

高中阶段的英语学习中,课堂容量相对义务教育阶段更大,而传统的教学模式受课堂时间与空间、教学技术、学习资源等因素的限制,在设计高效多元的英语学习活动上所能施展的"拳脚"相对有限。在实际教学中,为推进教学进度,教师往往很少给予学生充分的深度学习、个性化学习以及进行自主、合作与探究式学习的机会。现代信息技术不仅可以让学生利用信息网络提供的实时、个性化学习资源拓展学习素材与渠道,更能让广大英语教师丰富教学手段和资源,借助大数据、云计算、虚拟现实、人工智能等新技术,进一步引导学生开展主动、个性化的探究活动,丰富学习活动设计的内容与形式,在提升教学效率的同时提高教学效果,从而使整合六要素的涵盖学习理解、应用实践、迁移创新等逐层递进过程的英语学习活动观能真正落地,助力学生实现从知识到能力、从能力到素养的转化。

基于信息技术的英语教育的一个显著特征是提供智能化的在线学习平台,它有很强的交互性,不仅能够为学习者提供反馈信息,与学习者进行智能化的互动,还能够为教师、学生、管理者、研究者提供交流的空间。同时,教师开始探索

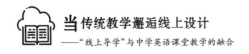

基于信息技术的英语课堂教学,如打造智慧课堂(程晓堂,2018),将信息技术和手段应用于日常课堂,开展线上线下混合式教学。无论是在线学习平台还是智慧课堂,都为英语学习活动的设计与组织提供了更广阔的思路与实践天地,为落实新版《课程标准》倡导的英语学习活动观提供了有力的技术与服务支撑。

2020年初起,受疫情影响,越来越多的学校与英语教师开始尝试网络授课与辅导。本书编写组调查了上海市静安区50位高中英语教师,用词频分析法对他们眼中的英语线上教学和信息技术进行解析,梳理出四个特征,即交流即时性、形式丰富性、参与痕迹化、教学个性化(如图1-1所示)。可见,信息技术走进英语课堂,不能只拘泥于课堂教学形式和App等技术层面的问题,还需要将信息化元素融入英语教学的每一个环节,促进教育教学创新,推动学习组织变革,重建教学流程,打造未来空间,从而真正落实英语学科核心素养。

图1-1 英语线上教学和信息技术特征的词频分析

1. 突破时空限制的学习空间

在信息技术的支持下,英语教学可以发生在任何场景、任何时刻,学生也可以选择"整体式学习"或"碎片化学习"。这是校内、校外的时空突破,慕课和微课就是最典型的例子。除此之外,英语教学还发生了以下变化:

(1)即时性。信息技术可以让学生随时获得学习评价。借助软件的自动批阅功能和教师远程的手动批改,学生一旦上传作业或成果就能获得即时反馈。而在线下教学中,学生可能要在1—2天后才能收到教师的评价,缺乏即时性。

（2）多人互动性。信息技术可以创造更多一对一互动的机会。此外，因具有即时和便捷的优势，它还在同一时间保障教师能够一对多地与学生交流。多名学生在同一时间段得到教师的辅导，教师则可以在线答疑和辅导，并分享优秀成果，使深度学习和反思成为可能。这样做免去了学生等待、排队的时间，在平时的课堂中是无法实现的。

（3）无意识学习。信息技术既可以让学生发生"无意识学习"的次数增多，也可以让"无意识学习"痕迹化。依靠手机、电脑等工具，学生更易于习得英语知识或英语文化，并可以借助身边的信息手段及时记录和反思，供今后使用和翻看。这恰恰是学生最真实的学习状态，也为他们今后的终身学习奠定了基础。

（4）跨学科学习。信息技术还方便了教师之间的合作，打破了学科之间的隔阂。因具有工具性特点，英语文本总会出现历史文化、生医科学、天体地理等内容。在强大的搜索工具和多学科教师互动的优势的加持下，学生可以进行情境任务或项目化研究，这样更易实现跨学科学习。

2. 呈现各式各样的学习资源

新版《课程标准》提出了听、说、读、看、写五种语言能力。在信息技术的支撑下，师生可以获得海量的英语学习资源，为学生英语语言能力的提高、文化意识的浸润提供有利条件。比如，配音 App 创建真实情境，建构交际角色，以寓教于乐的方式培养学生的语音语调和口语交际能力、剧本分析和人物把握能力、学习英语的兴趣和自信等。Smart 交互式白板和 AI 虚拟现实技术为学生多观察、多体验、多合作创造条件，图、文、声等多种材料的融合带给学生多种感官刺激，提升了他们的学习兴趣与效率。还有一些软件注重循序渐进和启发式教学的理念，逐步提升语言学习的难度，让学生在任务中接触、理解和运用英语。

信息技术改变了传统教学中较为单一的讲课模式，融合了多种教学工具。通过直播、录播、微视频、文档共享等技术，教师既可以利用技术优势，也可结合自己讲课的特点和教学实际需求筛选合适的教学媒介。学生也因此拥有更多的学具和辅助材料，学习参与和体验更为丰富。

3. 支持不同层次的学习任务

新版《课程标准》提出，要构建高中英语共同基础，满足学生个性发展需求。

个性化学习是教育发展的趋势和主流。信息技术助推英语教师和学生实现个性化学习,主要表现在以下两个方面:

(1)给予选择权。实现个性化学习要解决的一个关键问题就是如何让学生获得丰富的学习资源并增加他们的自主选择权。信息技术就能很好地解决这个问题。在学习任务层面,学生根据自己的基础和需求选择不同的学习难度。比如教师在写作教学中可以设置不同层次的任务,包括词汇的使用、观点句的确立及段落的构建,然后在备课环节针对每一项任务准备相应的辅导材料。在有限的课堂时间内,学生选择适合自己的学习资源,一边接受辅导,一边完成相应的任务。

再如英语教师录制多个微视频进行习题讲解,学生可根据自身的情况选择播放次数,对于已掌握的内容可以直接跳过。在传统课堂上,尽管教师也会说"听懂了吗? 没听懂,我再讲一遍",但很少真的有学生会当场提出希望教师再讲一遍的要求。而录播和视频技术可以让学生多次播放和自主学习。这样既解放了教师,减少了他们讲解相同内容的次数,又保证了学生能够学到知识,有所发展,同时兼顾学生的私密性。在这种类似闯关的学习模式下,学生通过不断尝试收获成功,进而挑战更高的目标,学习热情高涨。

(2)针对性辅导。正如前文所述,英语教师可以在信息技术的支持下与学生进行一对一、一对多的连线辅导,学生接受辅导的机会和针对性都得到了保障。在私下的交流中,教师也可以更好地了解学生的学习情况,从而为学生制定更有效的学习方案。

4. 检测每个阶段的学习成效

在评价方面,信息技术可为英语教师和学生提供大数据平台,准确且清晰地记录学习经历,并通过数据分析详细地反馈学生的学习状态、能力和水平,从而帮助师生对之前的教与学进行诊断,为之后的教与学指明方向。它改变了传统教学评价中过于注重终结性评价的特征,不仅增加了形成性评价的路径,还提升了评价的准确性、翔实性和即时性。

比如:对某道题正答率的分析,可以让教师了解学生对知识的掌握情况;对学生解题速度的统计,可以让教师知晓学生应用知识的熟练程度;经过精心编排而设问的题目,可以让教师明晰学生的能力水平和思维深度。通过对这些数据的采集、整理和分析,教师可以清楚地了解某位学生或整个班级的学习情况。这不仅有助于教师明确接下来个别化辅导或集中讲评的内容和篇幅,也为其之后的教学进度、思路、方向等提供了有效的证据。

正是因为有了信息技术的辅助,学生的学习经历变得可视化,学习成效变得可量化。教师也能够对学生进行即时评价、形成性评价和基于数据的评价。师生不仅能够了解学习结果,还能对学习过程追因,从而更容易找到问题所在,并且更好地调整学习策略。

5. 促进学生学习能力的养成

信息技术在降低收集学习资料难度的同时,也使教师开始更多地关注学生的需求,不仅包括如何激发学习兴趣、吸引学生注意及深化学习思维,还包括如何帮助学生建立自学系统与提升元认知。

有的教师利用 Xmind 思维导图、OneNote 在线笔记等工具,引导学生梳理一个课时、一个单元甚至一个知识专题的学习重点,帮助他们学会自主建构英语知识体系(如图 1-2 所示)。有的教师利用在线教学平台的屏幕分享功能,引导学生掌握如何高效搜索、筛选、整合网络上和文献里的信息。有的教师利用高亮、加粗、下划线等标注功能,引导学生基于问题寻找、聚焦并分析语篇中的关键词句,辨析选项,对语篇形成准确、深入的理解。

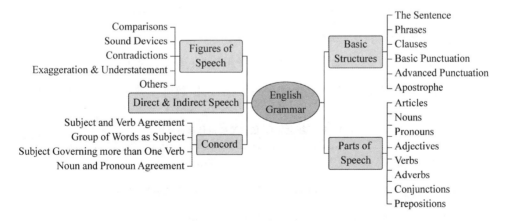

图 1-2 基于 Xmind 的英语语法知识体系梳理示例

新版《课程标准》指出,学习能力构成英语学科核心素养的发展条件。信息技术的支持为学生学习能力的发展创造了空间,提供了机会,引入了教师示范,为培育学生的语言能力、文化意识、思维品质等其他英语学科核心素养提供助力。

第三节 "线上导学"融入中学英语课堂教学

一、"线上导学"的基本内涵

对"线上导学"基本内涵的界定,需要建立在"线上"与"导学"两个基础概念之上。所谓"线上",一般指以信息技术为基础,以移动互联网为媒介,在虚拟情境中实现一系列无面对面交谈、交互活动的条件之和。所谓"导学",一般指以学生为主体,以引导为主要方式,强调学生在教师的指导下逐步、渐进式地开展带有"自适应"性质的学习模式。换言之,教师在教学过程中并不直接向学生传授知识,而是组织、引导学生自学求知。"导学"把教学活动(学习活动)的重心从"教"转移到"学",把教师职能的重心从"授"转移到"导",更注重对学生学习能力的培养,要求学生主动去学习理解、应用实践和迁移创新,为终身学习打好基础。综上所述,我们可以将"线上导学"理解为"在基于信息技术与移动互联网所构建的虚拟情境中,学生在教师的引导下开展一系列自主学习活动的学习模式"。

二、"线上导学"的基础要素

基于以上认识,本书编写组尝试梳理了将"线上导学"融入中学英语课堂教学所需的一些基础要素,并对其属性进行了描述,供教师在教学设计时参考。

表 1-1 "线上导学"的基础要素和属性描述

基础要素	属性描述
网络平台	"线上导学"开展的媒介,提供支持各种网络活动的系统性服务
技术工具	"线上导学"所需的各种软硬件支持,如平板电脑、微课宝等
参与主体	参与"线上导学"的教学主体和学习主体,其中又分为个体和群体

（续表）

基础要素	属性描述
导学课型	"线上导学"所融入的英语基本课型,如词汇、语法、阅读等
导学阶段	"线上导学"所融入的不同教学阶段,如课前、课中、课后等
导学目标	"线上导学"所预期达成的目标,应服务于课时及单元教学目标
导学方式	"线上导学"的活动组织方式,如观摩微视频、完成导学案等
导学内容	适用于"线上导学"的内容,是课时或单元教学内容的有机组成部分
导学任务	"线上导学"中涉及的系列任务,原则上应前后有序、循序渐进
导学作业	针对线上导学内容的一系列思维性或操作性练习,是对学生"线上导学"学习成效的过程性评价手段之一,也是衔接课堂教学的重要纽带

三、"线上导学"与中学英语课堂教学融合的特征

"线上导学"与中学英语课堂教学融合的第一个特征在于"引"。这个"引"可以体现在诸多方面,包括:引入教学的主题语境和部分内容;引起学生的学习兴趣,提高其学习的积极性和主动性;引导学生为课内学习做好必要的准备,关注自身既有知识的不足并采取相应的补救措施,从而拉平起点;引发学生探索未知的欲望,促使其对完善自身知识结构体系进行思考。

"线上导学"与中学英语课堂教学融合的第二个特征在于"研"。这个"研"主要体现在解决学生真实的学习困惑,回应学生真实的学习需求。教师要基于线上导学阶段学生反馈的问题有针对性地设计教学,充分利用课堂上的时间引导学生围绕学习重难点开展学习理解类、应用实践类和迁移创新类学习活动,如资料查阅、刻意训练、小组讨论、访谈、调研等,在活动中形成语言能力、文化意识、思维品质和学习能力等学科核心素养。

"线上导学"与中学英语课堂教学融合的第三个特征在于"拓"。这个"拓"集中体现在为课堂教学内容的有机延伸提供资源支持和个性化辅导,其效果可以是多元的,如进一步丰富学生对话题的认知,夯实学生的语言知识基础,帮助学生操练语言技能,提升学生思维的内在逻辑性、批判性和创造性,推动学生深度开掘话题或文本所承载的文化内涵及习得或调整学习策略等。

四、"线上导学"与中学英语课堂教学融合的维度

如何将"线上导学"系统、有机地融入中学英语课堂教学呢？本书编写组认为，可以从教学阶段和基本课型两个维度去寻找并布设融合点，充分发挥"线上导学"的不同效用。

（一）英语课堂教学阶段

1. 课前

在课前导学环节，基于教学目标，教师可借助多种信息技术手段收集或自制课程资源，如音频、视频、文字材料、课件等，设计丰富的课前学习任务；也可以向学生推荐各种慕课链接和学习网站，丰富学生的学习途径；学生则可借助多种信息技术手段完成教师布置的课前学习任务，如预习任务、听说任务、朗读任务及研究性学习中信息收集、信息分享、信息交流环节的多项任务等。同时教师可利用信息技术收集有关学生课前准备的反馈数据，如学生的完成率、完成的质量、存在的共性问题等。比如，教师可以利用钉钉、晓黑板和 QQ 等平台的在线布置、在线编辑、在线批改等功能布置并批改预习作业（包括笔头和口头作业），给予学生实时反馈，这样不仅能了解学生是否进行了课前预习，还能收集学生的错题，及时了解学生的预习情况，有针对性地调整下一步课堂教学活动。总之，把信息技术与课前导学相融合，能提高教师的备课质量，促使学生为课堂教学环节做好准备，从而提高课堂教学效率。

2. 课中

在课堂教学过程中，教师可以基于教学目标，结合学情，科学地利用视频、音频、微课或动画等各种网上资源辅助课堂教学，从而丰富课程资源，提高课堂容量，拓展学生的学习渠道，提高学生的学习兴趣和课堂参与度。信息技术和英语课堂教学的全面融合，能更有效地实践英语学习活动观，为学生的英语实践提供更多机会，从而"使学生尽可能地从不同渠道，以不同形式接触、学习和使用英语"。

3. 课后

课后探究环节是课堂教学环节的巩固和拓展，选择有针对性的课后练习和多元化的课后练习方式尤为重要。如果教师能把作业的布置方式或复习方式与

信息技术适当融合,一定能够事半功倍。比如,教师可以利用英语资源平台或App自动选题或手动出题的特点布置个性化作业,发布作业时也可以对分层、定时发布、答卷时间等进行灵活设置。教师只需提前把作业发布在平台或软件上,学生晚上或周末一登录便可在相应位置找到试题,并在电脑上进行答题,答题结束后提交答案可以立刻得出分数,整个过程简单、快捷。随后教师登录App查询学生的作业完成情况,直接导出统计数据,如每道题的错误率、回答错误的学生名单及正答率,然后在课堂教学中针对正答率低的题目进行讲解,做到有的放矢,使讲评更有针对性和实效性。课后探究环节和信息技术的融合不仅能帮助学生有效地开展个性化学习,提高课后作业的质量,还能切实减轻学生课后作业的负担。

(二) 英语学科基本课型

1. 听说教学

在中学英语听说教学过程中,教师可以充分发挥信息技术的优势,拓宽听说教学的空间和时间,使课中与课后都成为听说教学的阵地。

比如,教师可以充分利用某些英语听说训练平台支持听说全真模拟考试的特点,在听说课上让学生体验真实的听说考试流程,全程记录答题内容,自动生成训练结果,并通过先进的人工智能判分技术实时语音判分,同时用四种颜色标记学生语音答题的对、错、缺、欠标准情况,及时纠正发音。很多英语听说平台还能创设人机对话的环境,让电脑"开口说话",并根据学生朗读的声音识别判分,对读错的单词进行纠正。内容设置涵盖单句、对话、情境、短文、话题等环节,由浅入深,逐步提高学生的口语能力。

课后,教师可以结合课堂教学,设计包括线上学习与线下学习的课后拓展学习。教师既可以利用网络信息技术,让学生重复练习部分课堂口语学习活动,上传练习成果;也可以布置新的听说练习,在学生上传至网络后进行评价或安排课堂展示;还可以向学生推荐各种网络资源,如英语网站、慕课链接或口语学习网站,让学生课后进行线上自主学习。总之,这些听说活动使学生的听说学习从课堂延伸到了课外。

2. 语法教学

英语语法学习是中学英语教学中的重要一环。在传统的语法教学课堂上,教师经常采用讲解和板书相结合的"一言堂"方式教授语法规则,学生往往会觉得内容枯燥,缺乏趣味,课堂气氛相当沉闷。信息技术在中学英语语法教学中的运用能够有效改善这一现状。教师可以利用信息技术创设较为真实的语音情境,将抽象的英语语法知识直观化和形象化,以浅显的形式呈现在学生面前,从而化解语法中的重点和难点,使教学内容呈多样化,有利于发挥学生的主体作用,优化语法教学过程,提高语法教学质量,同时活跃课堂气氛,激发学生的学习兴趣。

3. 写作教学

写作是中学英语教学中的重要板块。传统写作教学模式下,学生英语写作的过程一般包括素材准备、初稿写作、评价反馈、修改润色四个阶段。教师可以把信息技术与这四个阶段相融合,利用信息技术全面跟踪英语写作过程,使写作教学不再拘泥于课堂,而是延伸到课前和课后,拓宽学生的写作时间和空间。教师可充分利用网络、微课、音频、视频等信息技术,帮助学生审题和构思,让学生从听、说、读等多方面接触写作材料,从而能够积累更丰富的写作素材,更有创造性地去构建写作。信息技术还能为学生提供更多的范例,让学生在各种话题的文章中体会字词句在不同情境下的恰当运用,积累和归纳好的字词句。教师也可以为学生提供优秀的写作网站。这些网站介绍了许多中学英语写作的基本知识,以及各种文体的写作方式,如记叙文、说明文、议论文、应用文和看图作文,每种文体又包括写作指导、范文赏析、高考指引、下水试游、在线交流等栏目。学生完成练习后可以上传至作品上传区,并和教师、同学、网友等在线交流,这样的交流不仅可以引发学生学英语的兴趣,也拓宽了学生学习的视野。总之,教师充分利用丰富的信息技术,可以为学生提供更多的写作资源、更好的写作指导和更丰富的写作体验,从而激发学生写作的能动性和创造性。

4. 阅读教学

信息技术和中学英语阅读教学相融合,能够使阅读教学更便捷生动,有助于学生激发阅读的积极性、拓展阅读量并提高阅读力。教师可以充分利用网络的特点,不断加强在阅读模式、阅读方法和阅读材料选取方面的指导,以多样化的形式保障英语阅读教学的延续性,强化课内阅读并拓展课外阅读。比如教师可以利用各种网络平台,搜集符合学情的原汁原味的外刊阅读材料,在此基础上进行个性化的改编,丰富阅读教学的资源。教师还可以提供适合学生水平和兴趣点的英语学习网站,指导学生进行课前导学阅读和课后拓展阅读等。

5. 词汇教学

在信息技术与中学英语词汇教学融合的过程中,教师可以借助丰富的信息技术手段辅助词汇教学。课前,教师可以组织学生在网络上获取相关教学材料,并引导学生完成中学英语词汇知识的线上学习,在有趣、形象的视频教学中加深对相关单词的理解和记忆,进而有效提升教学效果。课中,教师可以利用多种信息技术手段丰富教授词汇的途径,激发学生的学习兴趣,使词汇学习更有趣、更轻松。比如,教师以动画、视频与单词结合的方式教授单词,能够深化学生的理解和记忆。课后,教师可以采用线上检测的方式对学生进行个体学情诊断。教师从一系列诊断描绘出的学生学业情况折线图中看到其变化,判断该生的问题,进而作出及时而准确的反馈,可见诊断的个性化为个别化学习指导提供了可靠的依据。

在信息技术的辅助下,教师能够进一步提升词汇教学的质量,提高词汇教学的有效性。信息技术对指导学生深入理解和运用词汇、强化学生的英语综合学习效果有明显的促进作用。

总之,信息技术与中学英语课堂教学的融合,可以体现在英语教学的方方面面。教师通过深入分析信息技术与英语教学的融合点,把教学目标和学生英语学习的需求结合起来,恰当地使用信息技术,最大限度地挖掘学生的潜能,使信息技术真正发挥其应有的教学价值,切实地为英语教学质量的提升而服务。

五、"线上导学"与中学英语课堂教学融合的注意点

(一) 教学容量应与认知容量相匹配

在信息论中有一个"信道"的概念,顾名思义指的是信息传播的通道。虽然信道听起来有些抽象,但其原理和实际的道路非常相似,我们完全可以将信

道想象成高速公路，只不过在上面跑的不是汽车，而是信息。比如日常生活中大家常说的"带宽"，其实指的就是互联网上信息传播的信道容量。"信息论之父"香农给出了信道容量的度量，并通过数学推演证明了"当信息传输所用的信道一旦固定，能承载的信息量是有限的"。也就是说，正在被传输的信息量不能大于信道容量。在此基础上，可以得到一条重要的启示，即"信道容量决定信息传输率"。这条定律解释了为什么我们有时候上网会觉得网络不够流畅，具体表现为电脑或手机总是打不开网页，或网页打开一半就不动了。究其原因，往往是由于同时上网的人太多，要传输的信息量过大，超出了网络带宽的信道容量。

同理，在教学中，教师要传授的知识和呈现这些知识的具体方式本质上都是信息，只有传送到学生端并被学生接收，才能构成有效教学的前提。而每个学生的学习基础、接受能力、学习状态等诸多因素都可以被看作是该生的认知容量（接收信息时打开的信道）。学生学习时的认知容量直接决定了其学习效果。教学内容难度超出学生的接受能力，或教师授课速度超出学生的接受能力，都可以理解为信息量大于认知容量。这种现象在一些第二语言习得教学理论中被概括为学生的认知负荷过载，其背后更具普适性的原理实则在信息论中早已作出了解释。出现这种情况时，最有效的解决方案就是降低信息传输率，让学生真正接收到信息。

教师在进行"线上导学"和线下教学的教学设计时，首先就要考虑两种模式下学生不同的认知容量，根据学生平均的容量阈值匹配相应的信息量。

在线上导学阶段，一般的教学形式以教师预录好的教学材料为主，如视频导学，而且教学内容往往是学生初次接触的。可以预见，这个阶段的学生认知容量较小，因此在形式和内容上，"线上导学"的设计都要克制，教师不要一味将自认为的优质材料一股脑地呈现给学生。当学生认知容量过载时，没有任何教学效果可言。这也解释了为什么线上导学阶段的教学内容在新版《课程标准》"学业质量水平一"中所占比重较大。

当然，"线上导学"的先天技术优势完全可以被用来解决个体学生教学容量与认知容量不匹配的问题。没有完全学会的学生可以再学一次，甚至可以回到没有学懂的某个具体环节,重复这一部分。这背后是信息的二次传输,可使在第一次认知容量不足时损失的信息得到弥补。对于基础扎实、接受能力强的学生而言,他们完全可以通过倍速播放的形式,增大信息的传输速率,从而用足认知余量,提升学习效率。

进入线下教学阶段后,一方面,通过"线上导学",学生普遍对学习内容有了一定的了解;另一方面,丰富的教学活动拓宽了学生接收信息的维度,眼、耳等感官同时打开。这两方面因素叠加起来,扩充了学生的认知容量,使线下教学活动的综合性更明显,学习方式更丰富,教学策略更多样。

应该说,线下教学时,学生认知容量的增加和学习潜在效益的提升,正是得益于线上导学阶段教学容量与当时学生的认知容量相匹配。

(二) 线上信息应与线下信息相正交

信息的性质与能量截然不同。能量有守恒定理,也可以叠加,形成合力。信息论阐明了信息的非守恒性。这种性质使教学同时具备一个优势和一个劣势。优势是当教师将某个知识点转换成信息后传递给一个学生,就有两个人掌握了这条信息,传递给 10 个或 100 个学生,就有 11 个或 101 个人掌握了这条信息。这些学生还可以继续传递这条信息,那么就有越来越多的人得到该信息,而传出信息的人却不会有所损失。

劣势是同一条信息只有一次使用效益,多次重复这条信息并不会得到新的收获。比如,将"明天会下雨"这条信息重复再多遍,也不能让人知道昨天或后天的天气情况。这也从信息论的角度论证了为什么在教学中毫无变化地重复某个知识点往往收效甚微,因为有效的信息早已传递给了学生,在未输入新信息的情况下,学生无法进一步理解,至多只是机械地强行记忆。在实际教学中,默得出公式解不出题、背得出单词看不懂文章的例子比比皆是。

这个劣势并非无解,信息论证明了正交性的信息可以使两条信息的效益最大化。也就是说,能量的 0 度叠加使能量的合力最大化,而信息的 90 度正交使信息的合力最大化。

举个搜索引擎的例子。如果搜索 mj.,会出现几万条信息,因为这时提供的信息太有限了。增加信息量自然是首选,如果输入 Michael Jordan,大概率一定会出现那位篮球巨星,而事实上我们想找的是另一位著名的人工智能专家。也就是说,光有人名的信息还不足以定位这个人,只有再加上 AI 这条与工作领域有关的信息,这位专家才算被锁定了。因此可以说,Michael Jordan 和 AI 两条信息足以帮我们达成目标,因为这两条信息正交,使我们可以用最少的信息达到目的,使效率最大化。

因此,"线上导学"与线下教学融合的关键点还在于通过两者的配合,使学生最大限度地获取正交信息,促进对所学内容的理解,提高学习效益。

线上导学部分的视听材料相对丰富,而在线下教学部分,真人互动较多,学生得到的反馈是即时的。教师需要在备课时考虑到这些特点,针对教学重点和难点,在设计"线上导学"和线下教学时创设相互承接、总体递进的任务群。比如线上导学阶段,教师提出了一个引发学生思考的探究性问题,那么线下课堂,教师就可以将围绕这个问题的讨论设计为小组探究活动。由于之前"线上导学"的学习形式是个体独立思考,那么线下教学可以采用不同的形式,提供正交信息,帮助学生在课堂上有更多收获。显然,在小组讨论中引入其他学生的思考,相当于引入新信息,这样的交流将很有启发性。

也可以针对相同的教学内容使用不同的呈现形式,使"线上导学"中的教学信息与线下教学中的教学信息形成正交。以词汇学习为例,视频先导中可以利用多媒体的优势,重点聚焦目标词汇的语音、拼写、字面释义,而在线下教学阶段,侧重该目标词汇的语境释义、语法搭配等。这种信息维度上的互补往往可以形成正交,使教学效益最大化。这种做法既能得到教学经验的验证,也可以得到科学理论的解释。

总而言之,教师在设计"线上导学"和线下教学时应通盘考虑。教学重点和难点往往是信息量较大的地方。在充分考虑到学生认知容量的前提下,教师可以通过从不同维度释放相同的信息,或通过分批、有梯度地释放信息,使教学成为一个信息正交的场域,推动学生的吸收,加深学生的理解。

(三) 教学闭环应与数据采集相并行

信息背后自然离不开数据的支撑,尤其在当前的大数据时代,"大数据"成了再造诸多产业的核心力量。运用在教学中,"大数据"可以直接推动对学习的评价,助力反馈激励系统,对面向未来的教学模式创新有着不可替代的作用。

教师首先要对"大数据"的特征有清晰的认识,能够甄别真假"大数据",然后将有效数据转变成提升教学效益的信息。多年前,由于技术尚不成熟及相关教学理论研究还不够深入,数据分析在教学系统中没能得到应有的重视。而这些年技术的进步又让一些教师走向了另一个极端,开口闭口"大数据",看到数据就两眼放光,痴迷于频繁地测验,从而收集更多学习数据,企图通过堆积数据的形式来达到所谓的"全面分析学生"。其实,这种做法不可取的缘由前文已经解释过了,多次单一维度的重复信息并不能叠加起来。重复信息的效能早在第一次使用时就已经耗尽了。

什么是真正的"大数据"?我们认为至少要考虑到以下几个原则:

(1)数据量。大数据首先确实需要形成足够的数据量才能达到基础置信度。

(2)数据维度。多维度的数据只有形成正交信息才能全面观察。

(3)数据的完备性。避免抽样带来的不完整。

(4)数据的实时性。数据变化很快,滞后的信息会引发误判。

只有全面考虑到上述几点的数据,才可以被认为是有效的"大数据",能够帮助教师了解学情。要想在教学中采集到多维度、实时且足够的数据,教师需要精心设计"线上导学"和线下教学的流程,让"线上导学"和线下教学各自形成小闭环,两者融合后再形成大闭环。这样的闭环设计最有利于采集相对有效且完备的数据。

线上导学部分的测评反馈以客观题为主。在技术的支持下,教师可以实时看到学生对某个知识点的掌握情况,以及每个人独立自学时的学习风格和学习效率。而一旦进入线下教学的测评阶段,教师将以全新的形式,综合性地再次检测该知识点,收集活动模式下该学生的学习风格和学习效率数据。这两次测评反馈分别出现在"线上导学"和线下教学各自的教学闭环中,体现了数据的完备性。同时,学生在学习时也有整体的完成感,不会意识到数据收集的针对性,破坏数据的置信度。线上线下两组数据,又能为该知识点提供正交信息。通过对比两组数据,教师可以多维度观察学生的掌握程度。随着线上线下教学闭环不断滚动、日积月累,数据量也能得到保障。这样,教学闭环和数据采集就可以并轨运行,同时在前台(学生开展学习活动)和后台(教师采集分析数据)为提升教学效益提供助力。

▶ 第二章

"线上导学"与中学英语课堂
教学融合的方式建构

第一节　融入式教学的背景与内涵

一、教学方式的定义及特征

教学方式即教学的方法和形式,是在某种教学思想或理论指导下建立的相对稳定的教学活动结构及步骤。在教学活动中,教和学是一体两面,教学方式从属于学习方式,教是为了促进学。如果学生采用某种学习方式能够更好地学习相关课程内容,教师所采用的教学方式就应该落脚在促进这种学习方式上(吴庆麟等,2018)。

中外研究者从不同的理论视角出发,提出了多种多样的教学方式,其中较为常见的是将教学方式依据组织形式划分为:(1)以教师为取向的教学方式,如讲授式教学和演示式教学;(2)以学生为取向的教学方式,如体验式教学和基于发现学习的教学;(3)以学习共同体为取向的教学方式,如基于合作学习的教学和讨论式教学。

不同教学方式之间不是相互排斥的关系,也不是相互取代的关系。每种教学方式都有其特定的使用条件:一方面,不同的教学方式在内涵上具有一定的重叠性;另一方面,它们在功能上具有一定的互补性(吴庆麟等,2018)。

由此可见,在实际教学中,教师需要综合考虑学生的特点和需求、教学目标、教学内容等因素,选择使用不同的教学方式或对教学方式进行合理的整合。

二、中学英语教学方式变革的背景

当前,信息技术的不断发展和广泛应用催生了大量创新教学模式,如混合式学习、翻转课堂、慕课等。这些教学方式不仅突破了教学的时空限制,丰富了教学的资源和手段,还促进了教育公平和学生个性化发展。教学与技术结合是中学英语教学方式变革的趋势。

中共中央国务院印发的《中国教育现代化 2035》中提出:"加快信息化时代教育变革,利用现代技术加快推动人才培养模式改革,实现规模化教育与个性化培养的有机结合。"

新版《课程标准》也提出:"应重视现代信息技术背景下教学模式和学习方式的变革,充分利用信息技术,促进信息技术与课程教学的深度融合,根据信息化环境下英语学习的特点,科学地组织和开展线上线下混合式教学,丰富课程资源,拓展学习渠道。"

"网络时代,一切距离都不是距离。"基于云教育理念而架构的学习平台,以网络为途径,彻底打破了教室的墙壁,跨越了学校的围墙。巨大的开放性为学生创造了更宽、更高、更深的多维空间,使学生的学习超越了时间的限制,克服了空间的阻隔。数字化学习,为具有不同学习特质的学生提供了无限的学习资源;教育云服务的巨大存储空间,可满足各类学生的不同需求。这些就是当今时代为教师创造的改变教学方式的新机遇,也是学生转变学习方式的新机遇。中学英语教学方式需要不断创新、不断改进、不断融合。

三、"线上导学"与中学英语课堂教学融合方式的内涵

当前,信息化教学一共经历了三个阶段:"互联网+网络课程+平台"阶段、"互联网+网络视频教学+师生互动"阶段、"互联网+黑板+移动终端"阶段(夏鲁惠,2016)。"线上导学"融入中学英语课堂教学方式(以下简称"融入式教学方式")正是信息化教学第三阶段的产物。融入式教学方式绝非简单的课堂教学和在线教学两种学习形式的混合,而是以建构主义学习理论、信息传递理论、自主学习理论及深度学习理论等为指导,借助现代教育技术、互联网技术和信息技术等多种技术手段,对教学资源进行优化组织、整合、呈现和运用,将线上教学与线下教学有机、深度地融合,以寻求两者优势互补,从而实现理想的学习环境和最佳的教学效率和效果的一种新型的师生互动方式与智慧教学方式。教师需要在线上线下资源的制作和选用、线上线下学习内容的衔接以及学生学习方式的组织等方面进行巧妙设计,才能达到预期的教学效果。同时,融入式教学方式提倡活动导向,即教师根据教学目标、教学内容、教学情境等灵活选择和设计一体化的、层层递进的线上线下学习活动(学习理解类—应用实践类—创新迁移类),有效激发学生学习的积极性,缩短师生的沟通路径,真正促进学生学习的发生,从而全面发展学生的英语学科核心素养。

第二节　融入式教学的理论与实施

一、基于视频先导的融入式教学

（一）理论依据

基于视频先导的融入式教学指的是以教学微视频为线上预学载体、结合线下深度学习模式的融入式教学。微视频是一种蕴含一定教学内容和教学意义的生动的、直观的、灵活的微教学单元,它以教学目标为导引,选择适合用视频媒介表现的教学内容,将其拍摄成数字视频资源。采用视频先导的模式主要基于以下教学理论。

1. 双通道理论

双通道理论来源于多媒体认知学习理论的两个假设,即双通道假设(Dual-channel Assumption)和容量有限假设(Limited-capacity Assumption)。双通道假设认为,人类有两条信息加工通道,分别用来加工视觉呈现的材料和听觉呈现的材料。每条加工通道一次能加工的数量是有限的,只有当学习者在每条加工通道中选择、组织和整合通道内所得的全部信息时,才会发生有意义的学习。信息包括画面信息(图片、动画、图表等)和语词信息(文字、文本、语音解说等)。根据双通道理论,视觉信息是由视觉通道处理的,并被存储到视觉工作记忆中;听觉信息是由听觉通道处理的,并被存储到听觉工作记忆中。当学习材料为"画面+语音解说"时,加工画面信息消耗的主要是视觉通道中的工作记忆资源,加工语音解说信息消耗的主要是听觉通道中的工作记忆资源,各通道容量超载的可能性较小。

从广义上讲,任何教学形式都可以实现微教学,但视频教学能灵活运用文字、图片、动画、声音和教师的语音解说来呈现学习材料。这些画面信息和语词信息经由不同的通道被存储到学习者的视觉和听觉工作记忆中,加强了画面和语词之间的联系,有效避免了认知超载,能够促进学习者对学习材料的识记和理解并实现学习迁移。

2. 掌握学习理论

美国著名的心理学家和教育学家布鲁姆在 20 世纪 60 年代提出了掌握学习理论。布鲁姆认为,只要被给予足够的时间和适当的教学,几乎所有的学生都能够对几乎所有的教学内容达到掌握的程度。学生学习能力的差异不能决定学生能否学习要学的内容和学习的好坏,而只能决定学生需要花费多少时间才能掌握学习内容。掌握学习理论的主要内容之一是学生具备必要的认知结构是掌握学习的前提:学生具备从事每一个新的学习任务所需要的认知条件越充分,他们对该学科的学习就越积极;学生原有的认知结构决定着新的知识的输入、理解和接纳,对学习结果及其以后的学习都有重大的影响。由于不同学生的认知结构在数量和质量上存在差异,布鲁姆主张教师为学生提供预期性知识,使教学适合学生的需要和背景。

布鲁姆掌握学习理论中的"教学应面向绝大多数学生""如果学生在学习上花了所需的时间,那么大多数学生能够达到掌握水平""教师为学生提供预期性知识"等思想在微视频先导教学中得到了充分的体现。学生在课余有足够的"需要的学习时间",通过自主学习和主动重复学习,他们将获得充分的学习新知的认知条件,由此消除课堂集体学习的焦虑感,激发学习热情和学习兴趣,真正地掌握学习。

3. 深度学习理论

1976 年,美国学者费伦斯·马顿(Ference Marton)和罗杰·萨尔乔(Roger Säljö)在《学习的本质区别:结果和过程》(*The Essential Difference between Learning: Results and Process*)一文中首次提出深度学习和浅层学习的概念。马顿等人认为,深度学习是相对于浅层学习的一种学习方式,包含高水平或主动的认知加工,浅层学习则采用诸如机械记忆等低水平的认知加工。此后,研究者们对深度学习的概念、特征、内涵等进行了多维度研究。

2012 年,美国国家研究理事会(National Research Council,简称 NRC)在报告中提出,相比过去而言,教育在今天显得更加重要。如果今天的孩子有机会为成为未来的公民做好准备,那么他们就有能力迎接未来的挑战。他们需要的学习方式不仅是支持记忆留存的,还应该支持技能和知识的应用——这个过程在认知心理学中被称为"迁移"。深度学习,即帮助学生发展可迁移的知识,可以应用于解决新问题或有效地应对新情境。我国学者焦建利也指出:深度学习是一种基于理解的学习,强调学习者批判性地学习新思想和新知识,把它们纳入原有的认知结构中,将原有的知识迁移到新的情境中,从而帮助决策、解决问题。

尽管中外研究者对深度学习的描述有所不同,但他们对深度学习基本内涵的认识是一致的:深度学习关注学习者对学习材料内容的理解、吸收和内化,侧重于对学习者将知识迁移到新的情境中的能力的培养,强调学习者通过学习能在获得学科核心知识的同时获得批判性思维习惯和问题解决能力。

表2-1 深度学习与浅层学习特征归纳对比表(杨慧,2019)

	深度学习	浅层学习
知识建构	意义建构和整合反思	意义复现和重复
思维层次	高阶思维	低阶思维
投入程度	基于理解的主动学习	被动学习
学习动机	内在动机的驱动	外在压力的驱动
迁移能力	能够迁移和应用知识解决实际问题	未能灵活运用知识

深度学习理论视角下的基于视频先导的融入式教学以"浅层学习+深度学习"双轨教学理念为教学宗旨,贯穿英语教学的课前、课中、课后三个阶段,形成"目标引领—视频先导—自主学习—练习反馈—释疑深化—思辨提升"的教学流程,逐步将学生引入深度学习状态,激发学生学习的主动性、自觉性和创造性,促进学生知识技能、思维能力和综合素养的同步提升。

(二)基本思路及实施要素

1. 基于视频先导的融入式教学基本思路

先将相对适合学生独立学习、自主学习,并且在学生已有发展区范围的教学内容浓缩为5—10分钟的教学视频,依托网络平台推送功能,由学生自主进行预学,为课堂学习做好准备。然后在线上视频先导的预学基础上,围绕教学目标,开展线下课堂的深度学习和课后的巩固拓展学习活动,形成线上与线下相呼应的融入式教学。

2. 基于视频先导的融入式教学实施要素

（1）线上与线下教学要服务于统一的教学目标

教师需要根据不同的教学阶段对总目标进行细化,可以自问以下问题:通过视频先导需要达成的目标有哪些? 为什么这些目标更适合通过微视频来达成? 需要通过怎样的活动达成视频先导的目标? 通过课堂教学需要达成的目标又有哪些? 为什么这些目标更适合通过课堂教学来达成? 需要通过怎样的活动达成课堂教学的目标? 也就是说,教师要充分考虑并最大限度地发挥微视频和课堂教学各自的优势,提升教学效率。

线上视频先导,即利用微视频,将传统课堂教学中的主题背景知识、基本语言知识等基础性教学内容移至面对面课堂教学之前,帮助学生为课堂学习做好准备,缩小学生之间的差异,使课堂教学起点趋于一致,同时通过诱导性问题等激发学生进一步探索的愿望。学生在线自主学习视频时,不仅仅是观看,还应在观看中发现问题,并带着问题与同伴和教师进行在线交流,自主建构知识体系。简言之,微视频能够引导学生预习,启发学生生成问题并带着问题走进课堂,从而在课堂中与教师形成互动。

线下呼应性教学,即教师通过视频先导及线上交流掌握学情,明确课堂教学的重点和难点,设计线下呼应性活动。视频先导所释放出的课堂时间主要用于课堂深层次的教学设计和推进,通过互动、合作、探究学习,调动学生学习的积极性,使学生在同伴学习中探讨分享、合作交流、深化认知、内化信息,提升高阶思维能力和学习能力。

以阅读课型为例,线上导入微课设计要素如下所示:

① 提供与单元话题及语篇相关的背景知识;

② 扫清学生阅读过程中无法通过上下文语境和构词法等方法猜测出来的重点词汇;

③ 提供词汇音标、英语释义、语境中的例句解释等,使词汇讲解具有互动性和生动性;

④ 阅读问题的设计循序渐进,遵循语篇的行文逻辑和线索,通过环环相扣的提问,让学生在脑海中勾勒出语篇的大致框架和主要内容,同时产生进一步探

索深层次问题的欲望,并进行深入的思考。

线下呼应性活动设计要素如下所示:

① 对学生在线上导入微课的自主学习中所聚焦的问题作出相应的反馈;

② 课堂活动既是对线上视频先导内容的承接与呼应,也是对课堂上文本深度阅读和分析的过渡和衔接,从而能够实现线上与线下教学由浅入深、由整体理解到深挖语篇内容与价值的有机衔接;

③ 课堂教学落实英语学习活动观,凸显合作学习及语言实际运用。

以语法课型为例,线上导入微课设计要素如下所示:

① 语法视频导学的目标应该是"知识摄入、构建知识";

② 微课的设计遵循以下三个步骤:

第一步是激情导入,即教师设计能引起学生兴趣和关注的导入内容(如含有目标语法的歌曲、小故事、笑话、动画等),让学生初步感知目标语法;

第二步是提问推进,即教师创设不同语境,通过诱导性问题不断引导学生观察、比较和分析,自主归纳并发现目标语法规则;

第三步是练习评估,即教师设计针对性基础练习,帮助学生检测自学效果和掌握程度;

第四步是引起反思,即教师鼓励学生质疑、提问,交流预学中的困惑和想要进一步了解的内容。

线下呼应性活动设计要素如下所示:

① 语法课堂教学的目标应该是"深度加工、促进运用";

② 教师利用微课练习评估所获得的数据,结合学生在微课最后环节的质疑和提问,准确定位难点和困惑点,然后通过课堂小组提问与反思、合作完成任务、理解和表达等侧重语言实际运用的环节来化解难点和困惑点,帮助学生在知识结构不断处于同化和顺应的过程中实现深度学习,提升思维能力。

(2)视频设计要彰显"微"和"趣"

"微"不仅体现在视频的时长(通常不超过 10 分钟)和内容(通常主题突出、问题集中)上,也体现在导学题或活动的数量和难度上。教师要考虑学生已有的语言能力、认知结构、心理特点等,合理设计并控制学习活动的数量和难度,避免加重学生的认知负荷。"趣"指的是教师在自行创建教学视频时应考虑如何引导学生积极地参与到教学视频的学习中,这就涉及教学视频的视觉效果、主题要点强调和互动性等元素的设计,要录制精彩多样的视频,避免单调的讲解。教师还要有问题意识,线上"视频先导"应该是有导有学、有问有答、互动渐进的,一个好的问题应该是具有挑战性的、有趣的、可行的。此外,微课内容即便是有关语言知识的学习,也需要教师合理设计导入、展开和收尾总结等环节的教学活动,引导学生通过观察、比较、分析、判断、反思等思维活动来掌握并理解语言现象和规律。

二、基于刻意训练的融入式教学

(一) 理论依据

刻意训练(Deliberate Practice)理论由美国佛罗里达州立大学心理学家安德斯·艾利克森(K.Anders Ericsson)等人于 1993 年提出,用以解释不同领域专长的获得。研究者在研究多领域专长获得规律的基础上明确指出:所有顶级高手都是练习出来的,而非内在的天赋才能。具体如何练习,就需要掌握刻意训练的方法。自那以后,世界各地的科学家在不同领域(体育、音乐、国际象棋等)展开相关研究,有来自众多领域的经验性证据对该理论的合理性加以佐证。2006 年,剑桥大学出版社出版的《剑桥专业知识与专家技能手册》(*The Cambridge Handbook of Expertise and Expert Performance*)是标志着刻意训练理论已经成熟的一本里程碑式学术著作。2011 年,加拿大不列颠哥伦比亚大学(University of British Columbia)物理学教授路易斯·德斯劳里尔斯(Louis Deslauriers)等人将刻意训练理论应用于大学物理教学,其研究成果发表于世界权威学术期刊《科学》(*Science*)。此后,越来越多的研究证明了刻意训练在教育教学领域的价值,刻意训练理论也日益受到关注。

刻意训练理论的核心概念是:学习者和教师确定具体的目标并设计训练任务和训练活动,学习者专注地投入到问题解决中,并通过反馈和重复的机会逐步提高他们的认知技能,以支持持续学习和改进。如果学习者有良好的资源优势(学习者能够获得教师的指导及训练材料的支持),意识到刻意训练的重要性(学习者能够认识到刻意训练对其行为改进的重要意义,并从改进的结果中获

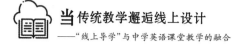

得满足感),并以此为动机进行大量的训练,训练将产生更好的促进效果。刻意训练有以下四个基本特征:

(1) 刻意训练需要在学习区进行,如图 2-1 所示;

(2) 刻意训练需要大量有目的的重复;

(3) 刻意训练需要持续得到有效的反馈;

(4) 刻意训练需要注意力高度集中。

□舒适区是我们已经熟练掌握的各种技能。

■恐慌区是我们暂时无法学会的技能。

■二者之间是学习区,有效的练习任务和活动必须精确地在学习者的学习区进行。

图 2-1 三圈理论

(二) 基本思路及实施要素

1. 基于刻意训练的融入式教学基本思路

利用信息技术手段和平台,教师将知识概念等陈述性知识通过学习资源包等形式放在课前,让学生自主学习、获取知识概念等信息并完成课前学习任务单或测试题等,课堂时间则用于引导学生进行指向教学目标的强化训练和活动。师生依托同伴教学或信息化手段采集即时数据,进行有针对性的讨论和讲解,并及时作出反馈和评价,由此提升学生的学习参与度和教学的精准度,最大限度地提高教学效率。

2. 基于刻意训练的融入式教学实施要素

(1) 需要树立明确的教学目标,据此设计指向性强的线上线下练习和活动

练习和活动的难度要控制得当,本质上遵循维果茨基的最近发展区理论,即课前线上自主学习阶段先让学生独立完成已有发展区内的学习任务,然后课堂教学时鼓励学生在同伴和教师的帮助下完成最近发展区内的任务。只有在学习

区内训练,学生才会在学习过程中保持高度集中的注意力并真正付出努力。

（2）课堂教学中需要设计并落实高强度的反复训练

根据刻意训练理论,技能应用源于成熟度,成熟度源于重复训练,从认知到应用需要经过成熟度的转化。成熟度不够时,学习者无法达到更高层次的水平;只有在每个层次进行重复训练,学习者才能实现更高层次的认知和应用。传统的讲授式教学往往以灌输知识为主,淡化了针对性训练和学生实际能力的培养。基于刻意训练的融入式教学则把传统课堂的讲授部分以线上微视频或其他支持性资源等形式移至课堂外,从而将课堂时间充分释放出来进行有针对性的训练。教师需要根据不同的课型和教学目标设计丰富的练习和活动,从识记理解到应用实践再到迁移创新,在确保训练强度的同时兼顾中学生的认知心理特点,增加课堂训练和活动的多样性和趣味性,由此激发学生的学习兴趣,维持学生的学习状态,并真正促进学生学习的发生。

（3）需要进行信息化精准教学

无论线上还是线下,教师和学生都要充分利用智能设备,努力实现教学决策数据化、评价反馈及时化和资源推送匹配化,从而达到精准教学的目的。比如课堂上学生完成某项练习和测试后,可以利用智能评价和实时数据反馈,快速、精准地获取每个知识点的答题正确率、错误率等信息,这样小组讨论、同伴教学和教师的讲解示范会更有针对性。再如课后教师可以利用线上平台推送不同层次的学习巩固或拓展资源,学生根据自己的知识掌握情况,或选择"培优"进行拔高,或选择"补缺"进行巩固。

（4）多元的形成性评价需要贯穿教学的始终

反馈是刻意训练中的一个关键环节,具有反馈的练习和活动才是有效的。根据刻意训练理论,对错误的纠正源于持续获得有效反馈。如果学生在训练过程中看不到问题或效果,他们极有可能因缺乏动力和激励而不再进步。在基于刻意训练的融入式教学中,反馈评价来自学生自己、同伴、教师及智能软件,多维度、多主体、动态化的评价应该贯穿线上与线下教学的全过程。形成性学习和评价体系的建构,能够增强学生学习的动力和信心,提高其学习的积极性和主动性。

三、基于方案指引的融入式教学

(一) 理论依据

1. 教学方案专业化

华东师范大学课程与教学研究所所长崔允漷教授指出,教师如果没有用专业的方案帮助学生学习,那顶多算个"民间艺人"。教师需要依据课程标准、教材、学情、资源等编制或形成某种方案,然后在线上、线下或混合式教学中,实现教师、方案、学生三者互动。崔教授认为,一份专业的教学方案必须具备六个要素和五个特征:六个要素指学习主题、学习目标、评价任务、学习过程(资源与建议、课前预习、课中学习)、作业与检测、学后反思,五个特征主要表现为学生立场、呈现历程(学生何以学会)、学教评一致、分层练习、学悟结合(崔允漷,2020)。

基于方案指引的融入式教学,就是依托专业的方案,即体现学生立场、以学生发展为本的导学案,重新整合课堂时间,发挥线上学习与线下学习的不同优势,增强学生学习自主性、交互性、合作性与探究性的一种教学方式。

2. 建构主义学习理论

建构主义(Constructivism)的最早提出者可追溯至瑞士的皮亚杰(J.Piaget),他是认知发展领域最有影响力的一位心理学家。之后,在皮亚杰理论的基础上,很多研究者对认知结构的性质及发展条件等作了进一步研究。尽管建构主义理论内容丰富,流派众多,且有不同的理论倾向,但研究者们都坚信知识是认知主体主动建构的结果,学习是一个意义建构的过程。

(1) 建构主义学习观

学习是引导学生从原有经验出发,生长(建构)起新的经验(李方,2011)。在学习过程中,学习者根据自己的已有背景和经验,借助教师和同伴等他人的帮助,合理利用学习资料,对外部信息进行主动搜集、筛选和加工,从而建构自己的知识和理解的过程。

(2) 建构主义学习环境

建构主义学习环境是一种支持学习者进行建构学习的各种学习资源的组合。建构主义认为知识是学习者在一定的情境下借助他人的帮助并利用必要的学习材料而习得的。学习环境的四大要素为情境、协作、会话和意义建构。

基于导学案的融入式教学是符合建构主义学习观及建构主义学习环境的一种教学方式,可概括为:以学生为中心,教师在整个教学过程中起组织者、指导者、帮助者和促进者的作用,学生可以借助教师及同伴的帮助,利用导学案及与之相匹配的线上线下导学资源,利用情境、协作、会话等学习环境要素,充分发挥学习的主动性、积极性和首创精神,有效实现对所学知识的意义建构的目的。

3. 自主学习理论

自主学习的概念起源于 20 世纪 60 年代。自 20 世纪 80 年代以来,自主学习便成为国内外许多学者的研究热点。

美国著名心理学家齐莫曼(Zimmerman)教授提出的自主学习理论认为:确定学生的学习是否自主,关键要看学习者在"为什么学""如何学""何时学""学什么""在哪里学""与谁一起学"这六个方面能否自己选择和控制。齐莫曼自主学习模型将自主学习分为三个阶段:计划阶段、行为或意志控制阶段、自我反思阶段(里德利,2002)。

我国学者郭丽萍认为自主学习是学习者在总体教育目标的宏观调控和教师的指导下,根据自身的条件和需要制定并完成具体学习目标的学习模式(郭丽萍,2018)。

尽管国内外研究者对自主学习的定义不尽相同,但大家对其本质内涵的理解基本一致。周炎根和桑青松通过广泛的国内外相关文献研究,将自主学习归纳为:自主学习既指由学生自己决定学习内容、学习方法、学习强度、学习结果评价的学习方式,也指学生能够指导、控制、调节自己学习行为的能力与习惯(周炎根等,2007)。

基于方案指引的融入式教学就是以自主学习理论为基础,倡导"先学后教"的学生自主学习,以学生为主体、教师为主导,并在课堂教学中重构教与学的时间和空间。课前,学生通过教师导学案所提供的任务,根据自己的已有水平和接受能力自主决定线上支架性资源学习的时间和次数,自主预学,了解自己的知识掌握情况,并确定课堂学习重点。课中,培养学生的自主学习能力仍是教学的重点,学生在导学案的引领下,通过小组合作探究的形式,解决疑惑,完成学习任务。课后,学生在导学案和线上支架性资源的帮助下,根据自己的学习情况进行巩固训练和总结拓展,进一步体现了学习的主观能动性和独立性。由此可见,在中学英语教学中实施基于方案指引的融入式教学能有效培养学生的自主学习能力和小组合作能力,提升学生的英语学科核心素养。

(二)基本思路及实施要素

1. 基于方案指引的融入式教学基本思路

在特定目标的引领下,在时间和空间上对课堂进行重构,实施以网络信息技术为支撑,以贯穿教学始终(课前、课中与课后)的导学案(包括与之相匹配的导学资源,如微视频、音像资料、图片、相关网络链接等)为指导的教学方式,实现学生和教师之间的有效互动,同时也实现课内与课外在时间和空间上的有效延伸和衔接。

2. 基于方案指引的融入式教学实施要素

(1)设计导学案时要充分考虑课前、课中、课后的教学环境和特点

首先,课前基于导学案的线上先导不是整个教学活动的辅助或简单的预习,而是教学的必备活动和基础性环节。线下基于导学案的课堂教学内容的选择和设计应根据线上教学内容和学生学习情况来确定,是基于线上前期学习结果展开的有针对性的、更深入的教学。课后基于导学案的线上线下教学活动和评价反馈则是教学的有机巩固、延伸和拓展。

其次,无论课前、课中还是课后,导学案最好是基于整体语境的创设,呈现序列化的任务,通过问题链和任务串,让学生形成连贯、递进的学习体验,实践英语学习活动观。

最后,课前导学案的设计要以知识摄入(包括语言知识在内的各种信息)为抓手,让学生明确自主学习的目标,提供预学方法和策略指导(如导学案使用方法),实现基础知识和文化背景等的建构。预学的终点是后续课堂教学的起点,预学的成果作为生成性资源,应在课堂教学中加以利用。课中导学案的设计要能呼应课前预学,包含情境创设、小组讨论等有利于学生进行深度学习和合作学习的环节。课后导学案的设计要与作业、检测、主题拓展任务等相结合,体现学生对线上线下学习内容的掌握程度和迁移运用所学知识的能力,指向学习成果的归纳总结、检测评价和反思提升。

（2）教师的主导作用必不可少

教师需要从整体上把握知识的深度、路径安排和问题解决属性，帮助学生进行多阶段、多步骤的学习，从而确保深刻理解知识。同时，对于自主学习，教师需要为学生提供更多元认知层面的引导，比如围绕目标采用什么样的方式方法更为有效，达成目标的过程中如何进行自我监督、自我反思、自我调整等。

（3）提问应该成为常态

在《试论中小学英语翻转课堂的预学优化》一文中，姚生军提出线上预学"诱导性问题"的价值：预学离不开大量思维的参与，因而启发和引领思维是预学案的主要功能。只有分解特定内容学习进程中的认知步骤，并预见到学生可能遭遇的瓶颈，才能设计出诱导到位的问题。鲁子问认为课堂教学时间主要用于语言运用和实践，而课堂实践的任务是由师生双方的提问确定的。可见，从教师角度和学生角度出发的提问是开展基于导学案的融入式教学的基础。在导学案的设计中，无论课前、课中还是课后，教师都要通过有启发性的问题来不断刺激学生进一步学习和探究，同时鼓励学生在不同阶段的或自主或合作的学习过程中勇于质疑和提问，实现新知的同化和顺应。

第三节　融入式教学实施案例

案例1　基于视频先导的融入式教学

教学内容：《初中英语（牛津上海版）》9A U6 More Practice

课时：第5课时

课型：Reading

标题：An extract from *The Further Adventures of Sherlock Holmes*

设计者：王萍（上海市市北初级中学）

评析者：徐鸣（上海市市西初级中学）

一、整体教学设计与说明

（一）教学目标

本课是本单元的最后一个课时。基于学生在单元学习中积累的有关单元话题 Detectives 的相关内容,本课的核心目标为:帮助学生梳理文本零散信息、提炼归纳并作出合理推断,培养学生推理判断的阅读技能;通过信息分析与推断,培养学生发现问题、分析问题和解决问题的探究能力;通过引导学生合理质疑,培养学生的批判性思维能力;帮助学生归纳与总结侦探工作的职业要求、能力和素养,引导正确的价值观;引导学生关注福尔摩斯侦探小说的特点,为后续阅读同类型文本打下基础。

(二) 设计思路

本课内容为单元拓展阅读且所选材料为侦探小说的开头,充满悬疑感,适合进行品读,教学不必拘泥于 Skimming、Scanning 等常规环节。文本的适切性决定了本课阅读教学可以尝试采用线上线下相结合的模式。课前的视频先导可帮助学生了解相关背景知识,获取文本基本信息并习得词汇,使线下教学起点趋于一致,为在课堂上进行深度阅读和探讨打下基础、留出空间。课堂时间主要用于处理学生文本解读的困难点及进行信息提取和深度分析,这有助于推进线下教学进程,提升教学效率。

(三) 教学重难点

本课的教学重难点在于培养学生提取信息、分析信息的阅读能力,以及推理判断、反思质疑的思维能力。

二、线上视频先导教学片段及点评

(一) 教学设计

Teaching Objectives:

By the end of the pre-class period, the students are expected to:

1. know more background information about Sherlock Holmes and his stories;

2. figure out the meaning of the title and extract relevant information from the reading material, thus having a basic understanding of it;

3. get the meanings of some difficult words (general, bullet, weapon) and pronounce the names of key characters and places correctly to pave way for further and deeper reading in class;

4. foster readiness to explore more about the murder case.

Teaching Procedures：

Step	Ss' activities	Purposes
Background	Listen to the introduction about Sherlock Holmes, Dr. Watson and some interesting things about them with the help of pictures.	Know the related background information and get a clear understanding of the title.
Reading	1. Read the text for answers to some text-based questions on the screen： （1）What happened in the story? （2）What does "extract" mean? （3）Describe the last day in Adair's life. 2. Read the text and figure out whether it was a murder or whether Adair killed himself by finding out a solid evidence to prove their opinion.	Develop a basic understanding of the reading material and extract relevant information concerning the case. Decide the nature of the case and learn to base their guess on evidence in dealing with a case.
Vocabulary	1. Watch the video clip, listen to and repeat some new words(general, bullet, weapon), and know their forms, pronunciations, parts of speech and meanings. 2. Read aloud the names of key characters and places in the case.	Learn the difficult words. Pave way for further reading in class.
Exploring	Explore the elements in solving a murder case.	Foster readiness to explore more about the case in class.

（二）点评

在传统的初中英语阅读课堂教学中,教师通过阅读前、阅读中、阅读后的教学活动设计,引导学生对阅读文本开展从无到有的探索。然而随着文本内容的日益丰富,要在一堂课中同时完成文本信息理解与深层理解变得非常困难,有限的时空成为教师组织深度教学的最大障碍。

本课例内容属于单元拓展阅读,所选材料为侦探小说的开头,充满悬疑感,能够有效激发学生的探究兴趣,培养学生的推断分析能力及质疑批判能力。在传统阅读课堂中,教师先处理文本信息理解会占用相当长的时间,留给学生深度思维活动的时间会非常少。因此,本课例设计者在整堂课教学目标的指引下通过"线上+线下"整体设计的方式,帮助学生由浅入深,从文本信息理解逐步过渡到深层理解。

线上视频先导通过教师自制的 5 分钟微视频,灵活运用文字、图片、动画和语音解说,不仅能更好地帮助学生理解,也有利于抓住学生的注意力。视频先导中的学习材料着重向学生介绍了福尔摩斯和华生的背景和破案趣事,引导学生初读文本后回答有关文本理解的问题,对文本的背景、内容和知识进行初步探索,并思考侦探破案的逻辑线索。视频先导很好地帮助学生按自己的学习节奏解决了有关文本基本信息获取的问题,使线下课堂教学起点趋于一致。同时,视频先导的最后一个探索活动能启发学生对相关话题展开思考,为课堂深度阅读和探讨打下基础。

值得注意的是,线上学习和线下学习不应是"两张皮",而应围绕本课教学目标,形成逻辑性设计,线上视频先导是开展线下活动的知识性铺垫,线下活动是线上学习的补充与拓展。线下课堂教学不仅要与微视频内容自然衔接,形成呼应,更要侧重对文本进行深层理解与分析。

表 2-2　本课教学活动表

线上视频 先导活动	活动 1:观看一段福尔摩斯、华生的破案趣事视频
	活动 2:阅读文本,回答相关文本理解问题
	活动 3:寻找文本信息,推断该案是他杀还是自杀
	活动 4:学习文本相关词汇
	课后作业:通过文本阅读,归纳侦探的破案流程和关键要素
线下教学活动	活动 1:快问快答,检测学生线上学习效果,回顾案件信息
	活动 2:探讨"破案的要素",提炼促进课堂深度阅读的问题链:Nature of the case—Suspect—Motive—Way of Murder
	活动 3:进一步探索侦探品质,引导学生反思本单元学习意义
	活动 4:学生小组合作,尝试探究案件真相,或质疑案件细节
	课后作业:阅读原著,撰写案件描述

案例2 基于刻意训练的融入式教学

教学内容:《高中英语(上外版)》必修第二册 U1 Nature

课时:第4课时

课型:Grammar

标题:The Natural Garden

设计者:孙颖(上海市彭浦中学)、刘巧灵(上海市第六十中学)

评析者:施翎(上海市光明中学)

一、整体教学设计与说明

(一) 教学目标

本课是本单元的第4课时,其核心目标为:引导学生通过观察及在文本中找出和视频中四组单句意思相同的句子,学习什么是定语从句、如何识别定语从句并理解定语从句的功能;通过分析语篇中出现的定语从句,理解由 that、which、who、whom 和 whose 引导的限制性定语从句的语法规则以及只能使用 that 作为关系代词和省略关系代词的规则,最终能够运用所学的语法知识进行交流并完成真实的任务。

(二) 设计思路

本课内容为定语从句的语法用法。结合单元教学目标"在语篇中识别并理解由 who、whom、that、which 和 whose 引导的限制性定语从句,能根据表达的需要恰当运用此类定语从句",教师把对定语从句基本概念的理解和由 that、which、who、whom 和 whose 引导的限制性定语从句的学习放在线上教学。线上教学的定位是:以视频为先导,引出主题,学习基础知识,尽可能地使学生的学习起点趋于一致。学生通过线上视频导学,学习定语从句的基本概念,掌握如何判断定语从句及由关系代词 that、which、who、whom 引导的定语从句的基本使用方法。线上作业是根据视频中所学的知识来判断定语从句,以及用 that、which、who、whom 这四个关系代词来描述一个传统或一种习俗(传统和习俗是前一单元——第一册第四单元的主题)。这两个作业都有助于学生巩固线上所学的知识,同时第二个作业能使学生在实践中感知到定语从句可以用来具体地描述物或人。

线下教学的第一个环节是请 1—2 位学生以口头展示的形式分享线上作业 2,其他学生猜测其描述的传统或习俗,并记录下描述中含有定语从句的句子。教师利用投影、投屏展示等智能技术及时了解学生的记录,根据学生对线上学习内容的掌握情况开展线下教学。线上作业是线上学习的反馈,也是线下教学的开端。线下教学的第二个环节是通过教师自写的一篇介绍中国传统佳节春节的文本进一步巩固线上所学内容。学生根据教师的中文提示翻译含有定语从句的句子。同时,教师可以通过这篇文本引出线下教学内容——定语从句中省略关系代词的情况、只使用关系代词 that 的情况以及关系代词 whose 的学习。

线下教学的课后作业有四项:(1)学生绘制思维导图,对线上和线下所学的定语从句的语法规则进行梳理;(2)学生完成练习册上语法板块的习题,并以"问卷星"的形式递交作业——这个作业有助于巩固学生对定语从句语法规则的理解,教师也能通过"问卷星"的数据反馈及时了解学情,精准解决每个学生的问题;(3)学生用定语从句描述自然界中的一种动物或植物,并借助 checklist 开展自评和他评——这个作业既培养了学生在正确的语境中使用语法知识的意识,也呼应了本单元主题 Nature,体现出单元教学的整体性;(4)学生利用 checklist 对第三项作业开展自评和互评。由师评、自评和他评三位一体构成的多元评价体系使评价更具客观性、可信性,而积极的评价方式是学生学习动力和信心的来源。

(三) 教学重难点

本课的教学重难点在于掌握限制性定语从句关系代词 who、whom、that、which、whose 的使用,了解关系代词的省略和只能使用 that 的情况,并运用所学的语法知识完成真实的任务。

二、刻意训练教学片段及点评

(一) 教学设计

线上部分

Teaching Objectives:

By the end of the online learning, the students are expected to:

1. understand the function and usage of relative clauses;

2. be able to use the sentences with the relative pronouns "that, which, who, whom" to describe the festivals and customs.

Teaching Procedures:

Activity 1: Observing & Finding

> T: Have students read four pairs of sentences.
> T: Ask students to find out the sentences with the same meaning in the text.
> T: Have students check their answers with their deskmates.
> Ss: Observe the four pairs of sentences and find out the sentences with the same meaning in the text and check their answers.
> *Purpose: To understand the topic of the lesson*

Guiding questions:

1. Please look at four pairs of sentences. Can you find out the sentences with the same meaning in the text?

2. (Instructions) Please share and check your findings with your deskmates.

3. (Instructions) Let's check the answers.

Activity 2: Exploring

> T: Have students observe the pairs of sentences and their corresponding ones.
> T: Ask students to find out how the two sentences in each pair are combined into one sentence.
> Ss: Share ideas about how the two sentences are combined.
> *Purpose: To understand the concept of relative clauses*

Guiding questions:

Please observe the pairs of sentences and their corresponding ones. How are the two sentences in each pair combined into one sentence?

Activity 3: Self-learning

> T: Help students find out the function and composition of relative clauses.
> T: Help students to understand the use of relative pronouns "that, which, who".
> T: Help students observe a sentence with a relative clause led by "whom", and analyze the antecedent and composition of this relative clause.
> T: Ask students to tell when the relative pronouns "that, which, who or whom" are used.
> Ss: Learn the function and composition of relative clauses.
> *Purpose: To learn the composition of relative clauses and enhance the ability of self-learning*

Guiding questions:

1. From the first sentence we know there was a king and this king had a palace with beautiful gardens. From the second sentence we know that the king disliked one thing. So what's the function of the sentence with the relative clause?

2. Observe the sentences with the relative clause carefully and tell me what is there before the relative clause.

3. After the noun or pronoun, which is called antecedent, what is a relative clause composed of?

4. (Instructions) Now let's read these sentences again and find out the function of the relative pronouns in the clauses.

5. Now please look at the fifth sentence. Is there a relative clause in this sentence?

6. Can you find out the antecedent and the relative pronoun in this sentence?

7. After analyzing all these sentences, can you draw a conclusion about when these relative pronouns "that, which, who or whom" are used?

Assignments:

1. Among the given sentences, circle the ones with the relative clauses and underline the relative clauses in the given sentences.

2. Orally prepare a riddle about a tradition or a custom with at least 3 sentences. The description must include relative clauses introduced by the relative pronouns "that, which, who or whom".

线下部分

Teaching Objectives:

By the end of the class, the students are expected to:

1. have a clear understanding of the grammar rules of relative clauses;

2. use the relative clause correctly and appropriately in communication and writing.

Teaching Procedures：

Activity 1：**Presentation**

T：Ask one or two students to share the riddle of a tradition or a custom while other students guess it and take down the sentences with the relative clause.

Ss：Give an oral presentation while others taking down the relative clauses when they listen to the presentation

Purpose：To strengthen the understanding of relative clauses and the use of the relative pronouns "that, which, who, whom"

Guiding questions：

1. (Instructions) During the online learning, we have a basic knowledge of relative clauses and the use of the relative pronouns "that, which, who, whom". And you were required to describe a tradition or a custom with them. Now please share your assignment with your classmates. During the presentation, the rest of you please guess what festival or custom is mentioned and take down the sentences with the relative clause.

2. Let's share how many sentences with relative clauses you have taken down.

Activity 2：**Consolidation**

T：Share a passage about the Spring Festival, and help students to fill in the blanks by using the relative clause according to the Chinese given.

Ss：Finish the translation and check the answers.

Purpose：To consolidate the correct use of the relative clause

---

Guiding questions：

1. Here is a passage I wrote about the ways we Chinese celebrate the Spring Festival. According to the Chinese given, can you fill in the blanks using the relative clause?

2. (Instructions) Let's check the answers together.

The Spring Festival is the most important festival for Chinese people. During the festival, all family members get together. All people _____ (离家生活的人们) go back to celebrate the traditional Chinese festival.

The Spring Festival _____ (源自商代的春节) falls on

the 1st day of the 1st lunar month. Some customs

（一些伴随着春节的习俗）are still followed, while others have weakened.

Activity 3: Observing & Finding

> T: Ask students to find out more relative clauses in the whole passage.
> Ss: Read the whole passage and find out more sentences with the relative clause.
> Ss: Check their answers.
> *Purpose: To review the knowledge of relative clauses*

Guiding questions:

1. Please read the whole passage. Can you find out more relative clauses in the passage?

2. (Instructions) Please share and check your findings with your deskmate.

3. (Instructions) Let's check the answers.

The Spring Festival

The Spring Festival is the most important festival for Chinese people. During the festival, all family members get together. All people who live away from home go back to celebrate the traditional Chinese festival.

The Spring Festival which originated in Shang Dynasty falls on the 1st day of the 1st lunar month. Some customs that accompany the Spring Festival are still followed, while others have weakened.

Before the New Year comes, people completely clean the indoors and outdoors of their homes, decorating their clean rooms. The Chinese character "fu" whose meaning is blessing and happiness is pasted normally or upside down.

People attach great importance to Spring Festival Eve. All family members eat the most luxurious dinner that cannot exclude chicken, fish and dumplings together. After dinner, the whole family will still sit together. Watching the spring festival party which is broadcast on CCTV is an essential entertainment for the Chinese both at home and abroad. Burning fireworks was once a typical custom Chinese people had, but now it is forbidden in big cities for the sake of safety. However, activities such as lion dancing, lantern festivals and temple fairs are still held for days.

The Spring Festival comes to an end when the Lantern Festival is finished.

Activity 4: Exploring

T: By raising questions, guide students to explore in groups when the relative pronouns can be omitted, when only the relative pronoun "that" can be used and how the relative pronoun "whose" is used.

Ss: By observing the sentences in the passage, explore the answers raised by the teacher and share the answers in group.

Purpose: To learn more knowledge of relative clauses

Guiding questions:

1. In which situation can the relative pronouns be omitted?

2. In which situations only the relative pronoun "that" can be used?

3. What is the antecedent of the sentence with the relative pronoun "whose"?

4. What's the meaning of the relative pronoun "whose" here in the sentence?

5. Can you conclude the use of the relative pronoun "whose" by yourself?

Activity 5: Doing Exercises and Group Discussion

T: Ask students to finish Grammar in Use Exercise II and III and check the answers in group.

Ss: Do the exercises of Grammar in Use II. Discuss the answers with group members.

Purpose: To consolidate and summarize the usage of relative clauses

Guiding questions:

1. (Instructions) Finish Grammar in Use Exercise II and III and check the answers in group.

2. (Instructions) Let's check the answers.

Checklist:

Criteria	Achieved	Not achieved
Well organized structure		
Proper usage of relative clauses		
Detailed content		
How do you like their presentation?		

Assignments：

1. According to what you have learned in both online and offline lessons，draw a mind map of the uses of relative clauses.

2. Finish Grammar in Use on the Exercise Book.

3. Write a passage with at least 6 sentences to introduce an animal or a plant in nature with relative clauses.

4. Check your own passage according to the checklist and post the writing online for group members to evaluate.

（二）点评

语法学习是每一个外语学习者必须要经历的过程。传统的语法教学模式"老师讲规则—学生记规则—回家做选择题"被证明是一种低效且机械化的方式。那么如何才能提高语法教学的有效性,培养学生在语言实践中正确使用语法知识的能力呢?

1. 以语篇为基础,在语境中感悟,在语境中实践

新版《课程标准》倡导的英语教学语法观是以语言运用为导向的"形式—意义—使用"三维动态语法观。语篇意义的建构和传递离不开词汇、语法、语用知识等元素。反之,语法学习也要依托语篇,使学生掌握语法形式、意义及其使用的有效性。"以语篇为基础,在语境中感悟,在语境中实践"是新课标提出的语法教学法,也是本课的亮点之一。

本课例是《高中英语(上外版)》必修第二册 Unit 1 Nature 的第 4 课时。单元主题为"自然生态",属于"人与自然"主题语境下的"自然环境、自然遗产保护"和"人与环境、人与动植物"主题群。在前两个课时,学生学习了语篇 A(The Natural Garden)以及语篇中的重要词汇,对于语篇的内容已很熟悉,语言障碍也已扫清。基于这一学情,线上视频导学伊始,教师出示了四组句子,每组句子由两句单句组成。学生根据这两个句子的句意在语篇中找到与之意思一致的复合句。随后的语法学习活动不同于传统的语法教学,教师没有把定语从句的形式、使用规则直接告诉给学生,而是让学生通过观察在语篇中找到的复合句,自己归

纳、总结定语从句的语用意义和形式。在线上视频导学过程中,学生可以根据自己的已有水平和学习能力决定观察时间的长短,也可以借助辅助资源自我答疑解惑。

本课例的线下教学主要活动之一是学生根据教师所给语篇中的定语从句归纳、总结关系代词 whose 的使用、只使用关系代词 that 和可以省略关系代词的情况。尽管在线下教学过程中,学生受制于有限的课堂时间,也没有了辅助资源的帮助,但因为他们通过线上学习对定语从句有了一定的了解,而且可以在课堂上和同伴一起交流、分享自己的感悟,所以还是可以根据语篇内容,在自己熟悉的语境中实现自主学习。

"以语篇为基础,在语境中感悟"不仅培养了学生的自学能力,还给学生带来了学习的愉悦感。通过自己的感悟获得的知识将是他们终身难忘的知识,通过自己的感悟获得的成就感将是他们继续学习的动力。

如果说"以语篇为基础,在语境中感悟"培养了学生自主学习、掌握新语法知识的能力,那么"以语篇为基础,在语境中实践"则培养了学生准确、恰当地使用新语法的意识。无论是线上作业 2"口头准备一则关于某个传统或习俗的谜面,必须用到由 that、which、who 或 whom 作关系代词引导的定语从句",还是线下作业 3"以小组为单位,结合所学的定语从句知识,介绍自然界中的一种动物或植物",都是要求学生以语篇为基础,在语境中恰当、合理地使用学到的定语从句知识。

线上作业 2 的语篇主题是传统和习俗,这是本单元前一学习内容——《高中英语(上外版)》必修第一册 Unit 4 Festivals and Customs 的单元主题。之所以选择这一主题,不仅是为了融合前后两个单元的主题语境,还因为通过介绍传统和习俗,能引导学生在实践中感悟定语从句的语用意义在于具体地描述物或人。线下作业 3 的语篇主题是动植物,呼应了本单元的主题语境 Nature,既体现出单元教学的整体性,又进一步巩固了学生对定语从句语用意义的掌握程度。

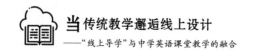
2. 确立总目标,线上重基础,线下重延伸

本课例的第二个亮点是分解总目标与教学内容,视频导学侧重基础知识的学习,线下课堂教学侧重知识的延伸和融合。

本课例是依据基于刻意训练的融入式教学模式实践的一堂语法课。该教学模式最大的特点是:将知识概念等陈述性知识放在课前让学生自主学习,教师集中课堂时间引导学生开展指向教学目标的学习活动。

在基于刻意训练的融入式教学模式中,虽然线上与线下教学是两种不同的学习方式,但它们是同一节课的两个组成部分,因此确立一个明确的教学总目标,以此串联起线上、线下两种教学非常重要。

本课例语法教学的总目标是"能掌握英语中由 who、whom、that、which 和 whose 引导的关系从句;能在语篇中识别和理解这类从句,并根据语境恰当使用这类从句"。结合学生语法学习的认知特点,这个总目标被拆分为识别、理解、使用三个环节;同时结合 Reading A 语篇中出现的定语从句的特点,教学内容被分解为"关系代词 that、which、who、whom 的使用"和"关系代词 whose 以及只使用关系代词 that 的情况"两个板块。

教师先在线上视频导学环节中以句意匹配活动引出教学主题——定语从句,教学内容则是识别定语从句和理解由 who、whom、that、which 引导的关系从句及其使用,这些内容的学习由学生在教师的引领下通过观察语篇中的定语从句自主进行。

本课例的"线上导学","导"的是教学主题,"学"的是基础知识。短短 5—10 分钟的线上导学视频,内容精而不杂,简而不难。

本课例的线下课堂教学分为线上与线下融合教学及线下定语从句延伸学习两个内容。

线上与线下的融合教学检验了学生在线上学习中的知识掌握情况,同时以终为始的教学内容也有助于消除线上、线下学习的割裂性。特别值得一提的是在第一个融合活动中,教师通过投影、投屏展示等智能技术快速、精准地了解学情,并以此为依据,及时解答学生在定语从句判断中可能存在的疑惑。智能设备在课堂教学中的使用提升了教学的针对性。

表2-3 本课融合活动及设计目的

融合活动	设计目的
1. 听取同伴对传统与习俗的描述,并记录下定语从句	了解学生线上作业2的完成情况,同时检验学生是否掌握了如何判断定语从句
2. 完成教师分享的语篇中的半句翻译练习	检验学生是否掌握了关系代词 that、which、who 和 whom 的使用

线下延伸教学内容是定语从句中省略关系代词的情况、只使用关系代词 that 的情况以及关系代词 whose 的学习。在新的教学内容开始时,教师让学生根据定语从句的定义,寻找语篇中的定语从句,由此揭开了有关 whose 的定语从句和省略关系代词的定语从句的学习。基于线上所学知识引出线下教学主题的活动帮助学生在潜移默化中建立起新旧知识之间的有机联系。

相比传统的教师"全倾式"语法授课模式,依据基于刻意训练的融入式教学模式实践的这堂语法课,把新授知识分为基础和延伸两个部分。基础内容的学习放在视频导学环节完成,教师在确保学生已掌握基础知识后再在线下课堂开展新知识的教学。这种始终在已有知识基础上开展新知识学习的教学方式让学生对学习充满信心并渴望探索新知识。

3. 自主学习基础知识,小组分享实践运用,构建多主体作业评价

对比传统语法教学的"学生学习个体化、机械化",不难发现本课例的第三个亮点是重视培养学生自主学习和合作学习的能力。

新版《课程标准》在教学建议中提出"重视培养学生的学习能力,为学生学会学习创造条件",并特别指出要"培养学生自主学习、合作学习和探究式学习的能力"。

所谓自主学习,顾名思义就是学生自己做主,不受别人支配,不受外界干扰,通过阅读、听讲、研究、观察、实践等手段习得知识与技能的行为方式。本课例无论是在线上视频导学环节还是在线下教学内容延伸部分,教师都设计了让学生以语篇为基础,依托语境观察定语从句的语言形式和结构特点的活动,使学生能

够在教师诱导性问题的激发下认知信息、内化信息。

合作学习是指学生为了完成共同的任务,有明确责任分工的互助性学习。本课例对合作学习能力的培养主要集中在线下教学,包括融合环节中以小组形式分享线上作业,以及活动 2"通过小组讨论的形式,在教师的指引下归纳定语从句中只能用 that、省略关系代词的情况,学习运用关系代词 whose",还有以小组形式核查书上 Grammar in Use Ⅱ 和 Ⅲ 的练习答案,以及课后作业中小组成员分享线下作业 3。学生通过这些小组活动互相学习,在倾听和交流中获取信息、处理信息,同时提高人际交往能力。

反馈是刻意训练中的一个关键环节,客观、多主体的评价是学生学习的助推力。本课例线下作业 4 就是多主体、多维度的评价方式的体现——借助 checklist,由学生本人、小组成员和教师对作业 3 开展评价。这项作业评价的主体不仅有教师,还有学生本人和小组同伴。学生在自评和互评的过程中自我反思、相互激励、共同发展。多主体、多维度的评价方式使评价成为学习过程中的一个重要环节而非学习的终点。

美中不足的是,本课例在培养学生探究学习能力方面略显不足。何为探究学习?探究学习是学生在主动参与的前提下,根据自己的猜想或假设,在科学理论的指导下,运用科学的方法对问题进行研究,在研究过程中获得创新实践能力与思维发展并自主构建知识体系的一种学习方式,往往和知识迁移类活动联系在一起。迁移创新类活动主要包括推理与论证、批判与评价、想象与创造等超越语篇的学习活动,其最大的特征是学生能综合运用语言技能进行多元思维,创造性地解决新语境中的问题。

反观本课例的教学活动,基本上是围绕着"物"来开展的。如线上作业 2"口头准备一则关于某个传统或习俗的谜面"、线下作业 3"结合所学的定语从句知识,介绍自然界中的一种动物或植物"。这两项作业创设的语境高度相似,起到的都是巩固新旧知识的作用,但并没有为学生提供综合运用语言知识解决新问题的学习环境。建议教师可以把线下作业 3 的活动设计改为:Your English teacher from New Zealand plans to visit a place near Shanghai. You are going to introduce to her the place that you like most。介绍一个景点既包含对自然景物的介绍,也涵盖了对当地习俗、居民的介绍——这一语境设计综合了前后两个单元的主题,为学生综合运用新旧语言知识解决新问题创设了环境。

学生学习能力的发展离不开教师的精心指导和帮助。课后的拓展性作业是培养学生运用综合知识解决真实问题的有效途径。

表 2-4 本课教学活动表

线上导学活动	活动1:在课文中找出与所给四组句子意思一致的主从复合句
	活动2:观察并找出这些句子是如何组成的
	活动3:学习由 that、which、who 和 whom 引导的定语从句的语法知识
	课后作业: 1. 找出所给句子中的定语从句 2. 口头准备一则关于某个传统或习俗的谜面,谜面中必须用到由 that、which、who 或 whom 作关系代词引导的定语从句
线上与线下教学融合活动	活动1:学生以小组为单位分享线上作业,猜谜语,并记录下谜面中含有定语从句的句子
	活动2:教师向学生分享自己所写的关于庆祝春节的习俗的语篇,学生根据中文提示翻译含有定语从句的句子
线下教学活动	活动1:根据定语从句的定义,找出文本中更多的定语从句
	活动2:通过小组讨论的形式,在教师的指引下归纳定语从句中只能用 that、省略关系代词的情况,学习运用关系代词 whose
	活动3:完成书上 Grammar in Use Ⅱ 和Ⅲ 的练习,并在小组内完成答案核查
	课后作业: 1. 梳理定语从句相关知识点,绘制一张思维导图 2. 完成练习册 Grammar in Use 练习 3. 结合所学的定语从句知识,介绍自然界中的一种动物或植物 4. 将作业3分享给小组的其他同学,根据 checklist 开展自评和互评

案例3 基于方案指引的融入式教学

教学内容:《高中英语(上外版)》必修第一册 U1 School Life

课时:第 5 课时

课型:Listening,Viewing and Speaking

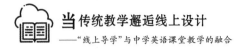
标题：School guide

设计者：刘抒洁(上海市光明中学)

评析者：施翎(上海市光明中学)

一、整体教学设计与说明

(一) 教学目标

本课是本单元的第5课时,其核心目标为:引导学生分析对话语篇的情景语境、主要内容和细节,并判断对话发生的地点、人物关系以及参与对话者的意图;能依据听力材料中的话轮和话轮转换,获取对话中高年级学长的具体建议、事例和理由;能够围绕相关任务有效整合视频中人物的对话画面、背景、声音、面部表情以及动作传达出的主要信息,筛选视频中多模态资源所传达的语篇信息,获取女孩对于初中生活的回忆、高中生活的担忧以及父亲的建议等信息;最终能在听、看的基础上描述高中伊始的个人经历,表达感受和观点,能互动交流,能用适当的语言征求和给出建议。

(二) 设计思路

本课时由听、说两个板块组成,考虑到"线上导学"融入中学英语课堂教学模式把教学分为线上与线下两部分,因此两个板块的内容孰先孰后,以及如何融合线上与线下教学是这节课设计的重点。

结合教学目标"在听、看的基础上描述高中伊始的个人经历,表达感受和观点……"和线下教学课后作业"作为学长代表,为新生适应高中生活提出一些建议",教师把与之在内容上紧密相关的听力放在线下教学中。线下课堂教学的重点是为学生完成上述作业提供范例,并在语言表达和举例、讲理的适切性方面搭建"脚手架"。以"父亲给女儿的高中生活建议"为主题的视频则放在线上教学中,起到了"以视频为先导引出主题,以听力为范本支持知识迁移"的作用。

线下教学的第一个环节是作业反馈——以小组为单位陈述、分享线上作业"父亲的建议对于 Lizzie 是否有用并给出理由"。这一活动不仅起到了融合线上与线下教学的作用,也呼应了线下教学的重点——理由要适切。

（三）教学重难点

本课的教学重难点在于谈论对高中生活的困惑,能给出相应的建议并写发言稿。

二、线上方案指引教学片段及点评

（一）教学设计

Teaching Objectives：

By the end of the online learning，the students are expected to：

1. finish relevant exercises after watching the video；

2. share their opinions about the suggestions given by Lizzie's father.

Teaching Procedures：

Activity 1：Predicting & Viewing

T：Have students look at the picture of Lizzie and guess her feelings about her senior high school life.

T：Have students watch the video and check their guess.

T：Play the video clip and ask students to answer the questions and have them check the answer with their partners and give explanation if necessary.

Ss：Guess feelings of Lizzie according to the picture and watch the video. Choose the best answers and check answers with their partners and explain why if necessary.

Purpose：To enhance the ability of self-learning and prepare for offline learning in class

Guiding questions：

1. (Instructions) Please look at the picture and guess how this girl feels about her senior high school life. Can you use any adjectives to describe how she looks？

2. Watch the video and choose the best answers.

3. Let's check the answers.

Activity 2：Exploring

T：Involve students in discussing "Would the conversation between Lizzie and her father help her in senior high school? Why or why not?" Share your opinion with your group members.

Ss：Share their ideas by answering the question and giving proper reasons and facts according to the video.

Purpose：To prepare for the task in class

Guiding questions：

(Instructions) After watching the video，do you think Lizzie will benefit from her conversation with her father? Why or why not?

Assignments：

1. Discuss in groups "Do you think Lizzie will benefit from her conversation with her father? Why or why not?" and make preparations for the oral presentation in offline class.

2. Finish a survey concerning the feelings at the beginning of senior high school.

上外版 1A U1 Viewing 微视频导学案

线上+线下学习目标：能在听、看的基础上描述高中伊始的个人经历、感受和观点

线上+线下学习作业：Write the speech titled "How to have a great first year in senior high school" according to the outline finished in class and make a record.

Ⅰ. Lead-in

Picture prediction：How does Lizzie feel about her senior high school life?

_____

Ⅱ. Viewing

1. First viewing — watch and find the main characters.

_____

2. Second viewing — finish multiple choices.

（1）What experiences did Lizzie's father have in his first week in senior high school?

A. He was punished by his teacher.

B. He had no locker to himself.

C. He made fun of Lizzie's mother.

D. He was thrown into the dustbin.

（2）Which of the following was Lizzie's experience before she entered senior high school?

A. Being class president.　　　　　B. Doing well in gymnastics.

C. Protecting the environment.　　　D. Getting praise in her first job.

（3）Lizzie's father advised that she should ＿＿＿＿ if she meets difficulties or failures in senior high school.

A. try again　　　　　　　　　B. learn to grow up

C. turn to her friends　　　　　　D. ask him for help

Ⅲ. Discussion

Do you think the conversation between Lizzie and her father would help her in senior high school? Why or why not?

_____

_____

Assignments：

1. Group work — talk about the discussion in class and get ready for the oral presentation in offline class.

2. Survey — finish a survey on 问卷星 concerning your feelings at the beginning of senior high school.

（二）点评

本课例的教学内容选自《高中英语（上外版）》必修第一册 Unit 1 School Life 的视听教学语篇。新版《课程标准》把传统的听、说、读、写四大语言技能扩充为听、说、读、看、写五大技能，视听课就是在此背景下产生的一种新课型。同时，本课例依据基于方案指引的融入式教学模式来开展线上与线下教学活动。该模式是信息技术和互联网技术高度发展背景下诞生的新的教学模式。由此可见，无论从课型还是从教学方式而言，本课例都是一个全新的探索。

所谓基于方案指引的融入式教学模式，其核心内容是先学后教。学生课前通过教师导学案中的任务，根据自己的基础和学习能力开展线上资源学习，课中再在教师的引领下，通过小组合作等形式开展同主题的项目化探究。线下教学是线上教学的延续和拓展。

在基于方案指引的融入式教学模式中，线上教学不是传统意义上的简单的预习,而是教学必备活动和基础性环节(谭永平,2018)。从这一点来说,线上视频学习应是一个完整的教学环节,既要包含学生的学习,也要包含教师的指导。

本课例的线上视频教学内容选自美国电视连续剧 *Lizzie McGuire*。视频中的女儿 Lizzie 刚进入高中,忆及自己初中时失败的课外活动,对高中生活有点忐忑不安,父亲知道后来到女儿的房间安慰她。通过回忆自己高中生活第一周的尴尬经历,父亲鼓励女儿尽可能多地尝试新的事物。这段视频语言地道,内容积极向上,易让学生产生共鸣。但对部分学生来说,视频中地道的美音和语速是理解视频内容的一个障碍。

为此教师在线上教学环节从多个方面为学生的自主学习提供了指导和引领。

首先,为了让学生能迅速进入视频语境,教师在线上导学的开始部分设置了看图预测主人公 Lizzie 情感的活动。让学生在有一定心理预设的情况下观看视频,可以在一定程度上帮助学生理解视频的内容。

其次,教师设计了一份线上导学案,涵盖了线上资源学习的所有过程:预测视频内容—理解视频基本内容—深度思考视频中父亲提出的建议—线上作业。特别需要指出的是,导学案一上来就写明了线上与线下教学的总目标以及线上与线下教学结束后学生要完成的作业。如此一来,学生便通过导学案知道了在自主学习过程中学什么、怎么学和为什么学,真正实现了基础知识和主题背景的建构。

最后,教师不断通过启发性提问来刺激学生进一步学习,引领学生对主题进行深度思考。虽然"线上导学"改变了传统的"我教你学"的课堂教学模式(郭丽萍,2018),强调的是学生的自主学习,如何时看视频、看几次、如何看这些都由学生自主决定,但启发性问题的设置让学生感受到教师的指导、帮助无处不在,自主学习不是孤立无援的。

"线上导学",从内容而言,"导"的是教学主题,"学"的是基础知识;从教学方式而言,"导"是指教师的引导和指导,"学"是指学生的自主学习。教师的有效指导是学生科学、高效、自主学习的保障。

表 2－5 本课教学活动表

线上导学活动	活动1:看图片预测主人公 Lizzie 的情感;观看视频,了解 Lizzie 因对初中课外活动不好的回忆而引发对高中生活的担忧,并收集她父亲给出的相关建议
	活动2:讨论父亲的建议对于 Lizzie 是否有用并给出理由
	课后作业: 1. 以小组形式准备口头陈述"父亲的建议对于 Lizzie 是否有用并给出理由" 2. 完成"问卷星"调查,了解学生对高中生活的困惑和开学第一周的感受
线上与线下教学融合活动	以小组为单位反馈各组线上课后作业 1 的完成情况,分享"父亲的建议对于 Lizzie 是否有用"的小组观点,并陈述理由
线下教学活动	活动1:听录音,了解高年级学长给高一新生的建议、事例和理由,深入理解"how to have a great first year",并提醒学生在听的过程中关注如何给出建议
	活动2:回顾调查中学生提出的关于高中生活的多种困惑,结合听和看的内容 brainstorm 大家的建议,并给出适当的理由和事例
	活动3:创设具体任务,组成四人小组,假设一年后 Lizzie 将作为高二学生代表在学校的新生欢迎式上发言,小组讨论,帮助 Lizzie 列出发言稿的提纲
	活动4:以小组形式向全班呈现各自的提纲,结合评价表,从建议、理由和事例的有效性进行自评与他评
	课后作业:依据课内小组讨论所列的提纲,为 Lizzie 准备发言稿并制作音频

教学和技术的融合是教学方式变革的重要趋势。"线上导学"与中学英语课堂教学融合的上述三种教学方式基本都遵循了"线上课前基础预学任务(基础知识、背景等)—课内深度学习任务和迁移创造—课后线上线下巩固拓展任务"这一教学思路,通过教学和技术的融合,达成了知识的传递、知识的建构和知识的巩固与拓展,能促进以学生为中心的教学,丰富教学手段,拓展教学时空,有效落实学生核心素养的提升。当然,上述三种"线上导学"融入中学英语课堂

教学的方式并非完全独立,而是可以配合使用,互相补充。针对不同的课型、教学目标、教学内容、教学阶段及学情等因素,教师既可以采取适切的教学方式,也可以把不同的教学方式进行整合。此外,能促进融合的教学方式也并非只有这三种,需要教师在教学实践中创造性地进行开发、利用和完善,从而实现知识获取和传授方式的变革,实现班级授课与个性化教学的有机结合,实现更公平、更高质量、更具个性的教育。

第三章

"线上导学"与中学英语课堂教学融合的流程再造

随着各类教学资源从简单的信息化向数字化演进,线上与线下教学的融合拓展了教学目标的外延,使英语学科素养得以全面彰显。系统目标的转变,必然带来系统中各要素连接方式的变革。由此可见,"线上导学"的意义并非简单增加一个教学环节,而在于其关键要素的地位打破了既有的教学套路,催生出新的教学流程。"线上导学"以数字化形式激活了新的教学场景,从而满足了更多元的学习需求,引导学生关注自身的学法。同时,正是"线上导学"自身鲜明的特征,使其能与课堂教学形成互补与互动。在融合流程的设计中,两者取长补短,各有侧重,相互嵌套,形成合力。融合流程设计就是这种教学新范式的外显形式。

第一节 "线上导学"特征分析

一、丰富的教学场景

"线上导学"的教学场景,在时间和空间两个维度上都有突破。相对于传统课堂发生在单一的教室环境内,"线上导学"以微视频等形式,允许学生在家、图书馆甚至是第三空间(如咖啡馆、快餐店、茶室)等多种空间环境中开展学习。同时,"线上导学"主要发生在学生可自由支配的时间,如课前、课后、节假日等。鉴于"线上导学"自身属于教学整体设计中的一环,其教学的系统性并没有减损,这就便于学生利用碎片化的时间展开系统性的学习。结合时空两个因子,"线上导学"创造了一定的新场景,即更开放、更自由、更个性化的学习时空。

英语学习认知理论中的认知神经科学理论构建了"双脑外语教学模式"(Bimodality Theory),强调双脑分工互补的原则(Danesi,2003)。该理论认为:左脑既像一个雄辩家,善于语言和逻辑分析,又像一个科学家,善于抽象思维和复杂计算,但刻板且缺少丰富情感;而右脑像个艺术家,善于非语言的形象思维和直觉,充满激情与创造力,幽默且有人情味。传统的英语教学更侧重于左脑的开发,如强调学生阅读、书写能力的提高,往往忽视了对学生形象思维能力的培养,强调知识的传授和严谨的逻辑推导过程,对右脑所代表的形象思维重视不足。

"线上导学"的教学设计,如微视频,利用多媒体数字技术,可以更好地调动学生的形象思维,激活学生积极的学习情感,让学生对学习主题产生浓厚的兴趣,减少学习焦虑,更有效地开发右脑的思维能力。如此一来,课堂教学也就可以对学生的思维品质有所偏重,从而保留其开发左脑能力的优势。

通过两者的融合,学生的双脑得以全面开发,这种教学模式非常有利于学科育人目标的达成。

二、个性化的学习风格

"线上导学"从学习者的角度出发,将学习者的学习基础与学习风格也纳入设计中,从而再次与课堂教学的特征进行互补。

就学习者的学习风格而言,"线上导学"更容易调动独立学习意识较强的一类学生,建立一种场独立型学习模式。而在课堂教学中,以任务型语言教学为主流的英语课堂自带强教学场景,很容易激发场依存型学习模式,即师生、生生互动丰富,合作学习频度高,激励手段丰富,开放性问答多,个性化产出较强。

由此可见,线上与线下的融合能够兼顾场独立型和场依存型两种不同的学习模式,在教学效果上追求公平对待不同学习风格的学生。

三、多模态的反馈机制

"线上导学"借助信息技术,能够为学生提供更多元的反馈渠道,有利于教师及时收集、整理和分析学生反馈的学习数据。同时,学生也能通过多种形式交流和表达,增加学习机会,增进师生、生生之间的了解。比如,学生可以通过语音或视频连线直接回答问题,也可以私下组群讨论导学任务,还可以通过平台,以电子形式提交、保存并共享自己的学习成果。多个渠道还可以并列运行,大大提高了交流效率。比如,教师可以将正在回答问题的学生的设备同屏,这样该学生可以一边在屏幕上演示,一边讲述,其他听众也可以随时键入文字,如发送弹幕般开展生生互评。在这种情况下,教、学、评三环可以在同一时间维度上进行,教师也有机会给予每个学生个性化的评价和指导。从某种意义上来说,多模态的反馈机制让教师更全面地了解每个学生,也为每个学生创设了更公平的学习

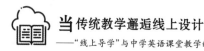

环境。

简言之,融合"线上导学"与课堂教学的设计,扩充了反馈渠道,加速了教学进程,丰富了学习体验。"线上导学"与课堂教学的对比如表3-1所示。

表3-1 "线上导学"与课堂教学的对比

		线上导学	课堂教学
教学场景	空间(场)	家、图书馆、第三空间	教室
	时间(景)	课前、课后、自由支配的时间	课程统一安排的时间
	场+景	开放、自由、个性化,更有利于形象思维(右脑)的教学设计	规范、严谨,更有利于抽象思维(左脑)的教学设计
学习风格	语言能力发展	适合学生自学的基础语言知识与技能,可缩小生生之间的学习起点差异	适合各项学科核心素养的综合发展,教学目标层次更丰富,育人目标更宽广,学习成果更个性化
	语言学习模式	偏重场独立型学习模式,师生、生生互动相对较少;所设计的任务对教师的依赖度较低,细节性要求多,个性化程度低	偏重场依存型学习模式,师生、生生互动丰富;所设计的任务合作学习程度高,激励手段多,个性化程度高
反馈机制		多模态并行的反馈系统	单一模态,按顺序交替进行的反馈方式

通过以上分析可知,不同的媒介形式和授课技术都会影响"线上导学"和课堂教学的效果。要想将它们各自的优势充分发挥出来,教师不能生搬硬套一些固定的教学模型,而应该取长补短,将两者融合起来,以实现最佳的整体教学效果。

第二节 教学流程设计框架

一、基于系统论的融合流程设计

(一)何为融合流程再造

教学流程(teaching procedures),顾名思义就是指按一定的方法和规律设计的教学方案。简而言之,教学流程是在教学过程中展开教学任务的顺序。单独来看,无论是"线上导学"的教学设计还是课堂教学的教学规划,都需要根据各自交付体系的特点,按一定的规律呈现教学内容、活动(任务)和评价。

融合流程设计的关键在于"融"。如果仅仅将"线上导学"看作是放置在课堂教学之前的教学行为,这样的教学流程只能算是"加"。显然,"线上导学"和课堂教学虽然都有各自的教学环节和流程,但融合的关键在于将两者整合在一个完整的教学系统之下,让它们成为这个教学系统的不同要素。线上导学环节中教、学、评活动所生成的反馈评价会直接影响教师对课堂教学中教学资源的取舍和活动任务的设计。同样,课堂教学中教、学、评活动所产生的反馈评价也会以不同形式回应"线上导学"设计中埋下的伏笔。

由此可见,融合流程再造的本质是将"线上导学"和课堂教学进行灵活处理,如顺序、并置或嵌套,从而完成融合要素的关键性连接,达成建构全新英语教学系统的目的。

(二) 为何要再造融合流程

无论是基于信息技术的"线上导学"还是基于活动观的课堂教学,两者都是整个英语教学系统的一部分。要想发挥它们的作用,教师不仅要考虑"线上导学"和课堂教学各自的设计,还要考虑两者之间如何配合、如何衔接以及如何有机地将技术融入教法。这就是基于系统论的教学理解。

系统论是对当代人类社会进步起到关键作用的三大理论之一,由理论生物学家 L.V.贝塔朗菲(L.von.Bertalanffy)创立。贝塔朗菲强调:"任何系统都是一个有机的整体,它不是各个部分的机械组合或简单相加,系统的整体功能是各要素在孤立状态下所没有的性质。"借用亚里士多德的一句名言"整体大于部分之和",系统论驳斥了以局部说明整体的机械论的观点。更为重要的是,系统论认为系统中各要素不是孤立存在的,每个要素在系统中都处于一定的位置,起着特定的作用。要素之间相互关联,构成了一个不可分割的整体。要素是整体中的要素,如果将要素从系统整体中割离出来,它将失去要素的作用(顾新华等,1987)。

系统论认为,任何一个系统都不是由所有要素简单加总而成,而是由要素、连接、功能这三大基础构成。而在这三者中,要素是最次要的,真正关键的是功能和连接。正如前文所论述的那样,英语学科的核心功能是作为全面贯彻党的教育方针、落实立德树人根本任务、发展英语学科核心素养、培养社会主义建设者和接班人的基础文化课程。英语教学从"育分"向"育人"的功能转变,必然带来各要素之间连接方式的变革。而再造融合教学流程,正是重建新的连接方式的路径和工具。

(三) 如何再造融合流程

融合教学流程再造的核心命题即如何设计一个合理的流程,使系统中各要素的连接方式最为密切、高效。因此,"线上导学"与课堂教学的融合方式和子要素都应符合系统论的原理。可归纳为以下三点:

(1) 局部体现在系统中的效能大于局部之和;

(2) 任何局部的设计都要放回到整体流程中去考察;

(3) 除了在空间上考虑系统外,还要在时间顺序上考虑系统。

《追求理解的教学设计》(第二版)(*Understanding by Design*)一书所倡导的教学流程能够很好地体现系统论的思维。本书明确指出,教师要想取得教学效果,真正要追求的是学生的理解(understanding)。而促进学生理解的教学要遵循"逆向设计"(backward design)的原则,即"确定教学目标—检验学生理解—设计课堂任务"这三个步骤。逆向设计,其实是为了提醒教师通盘考虑教学设计,以终为始,倒逼教师摆脱局部观察教学片段的思维定式,从教学整体角度回顾局部在整体中的作用。其最关键的作用就是帮助教师从系统论的角度反思教学活动设计的有效性,跳离"当局者迷"的思维状态。

二、"线上导学"融入课堂教学流程图

"线上导学"与课堂教学流程既要体现每个教学环节在系统中的顺序,又要能够在局部中形成闭环。这样的设计,是为了保证融合发生在整个教学过程中,进而使教学活动成为从教师和学生两端同时推进,在双方共同作用下动态生成的产物。"线上导学"融入课堂教学的流程如图3-1所示。

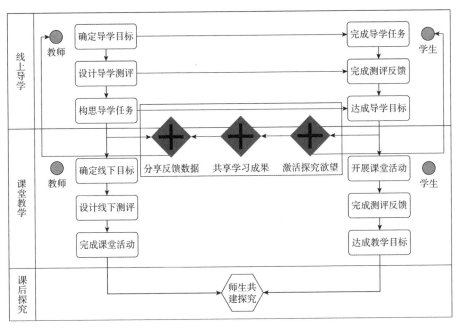

图 3-1　"线上导学"融入课堂教学流程图

第三节　教学流程实施说明

一、线上导学部分说明

(一) 确定导学目标,完成导学任务

教师在设计"线上导学"时,首先要分析教材相应的单元整体教学目标,对照新版《课程标准》中的各知识内容要求和各层级学业质量水平,细分出每个分课时及符合其课型特点的教学目标,然后根据学情及教学内容的难度,正式确定导学目标。

值得注意的是,教师在设计教学总目标(goal)后,可按布鲁姆认知心理学的渐进原理,将这个总目标进一步拆分成若干子技能(sub-skill)。基础技能,如"知道"层级的目标,往往作为"线上导学"的教学目标(teaching objective);而高阶技能,如"分析""评价",往往作为课堂教学的教学目标。此时,"线上导学"教学目标中所涉及的子技能又成为课堂教学目标的"准入技能"(entry skill)。只

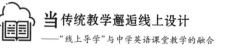
有当一名学生通过"线上导学"习得了相关知识或技能后,该学生才有可能较好地在课堂教学中发展相应的高阶技能。

如何知道学生完成"线上导学"后达成了相关技能要求呢?这就要看"线上导学"的第二个环节——测评反馈了。

（二）设计导学测评,完成测评反馈

无论是教学理论还是教学经验都指明,只有当学生能够达成之前教学环节的要求时,随后的教学任务才能高效地展开。因此,导学目标确定后,教师应该考虑设计评价任务。设计评价任务的前提是教师充分了解学生学习的效度,因此评价任务在信度和效度上必须是合格的。教师既要考虑终结性评价（summative assessment）,如各类测评测试（test）,又要考虑形成性评价（formative assessment）,如各类学习任务完成表现（performance）。同时,教师还要考虑评价任务和教学目标之间的相关度,将评价任务和教学活动整合起来,使评价任务不仅可以衡量学生知识技能的达成度,还能将学生学习的过程和方法显性化,让学生的情感态度可视化。

"线上导学"一般不再专门设置学前测试（pre-test）,而是在导学各个任务环节之后穿插学后测试（post-test）。这些学后测试通常以客观题的形式呈现,属于终结性评价的范畴,有助于教师了解学生在每一个学习环节的达成度。此外,在导学结束后还可以设计一些供学生自评的量表（rubric）或了解学生情感态度的问卷（questionnaire）,以形成性评价的形式引导学生进一步思考的方向,为之后的课堂教学做好铺垫。如此一来,"线上导学"中所有的评价任务整合在一起,又成了课堂教学阶段的学前测试。

总之,评价任务一方面可以给予学生积极的学习反馈,检验教师的"线上导学"任务设计是否合理;另一方面可以更新教师对学情的了解,为之后课堂教学目标的确定提供依据。

（三）构思导学任务,达成导学目标

接下来,教师要精心制作导学资源,充分利用技术优势,设计符合教学方法论的适切任务,平衡学生的认知负荷和学业水平要求。尤其要重视主题探究型的导学作业设计,因为导学作业或探究任务往往能激活学生最真实的学习兴趣点,有助于教师自然高效地过渡到课堂教学环节。

对于学生的学习反馈,教师要利用"大数据"技术及时分析。比如词汇学习结束后,可以马上跟进推送在线词汇小测试,收集每个学生答题的相关数据(正答率、答题时长、订正次数等),在后台对学生"线上导学"的整体学习成果作出评估。如果一切符合预期,教师就可以着手准备课堂教学了。如果学生的反馈结果与教师的预设有较大出入,教师则应该及时分析可能的原因,要么重新修订"线上导学"的某些环节设计,要么调节之后的课堂教学,弥补导学阶段学生学习成果与教师预设之间的差距。

学生在"线上导学"中,只要依次完成导学任务、测评任务,就可以顺利达成导学目标。当学生能够一气呵成地完成导学学习,通过测评,并认真思考导学中的探索类问题,他们将带着更好的学习基础、更高涨的学习热情进入之后的课堂教学,即导学激活探索欲望。学生对于导学作业或探究任务的反馈质量将反映出学生在"线上导学"中的学习质量。

当然,如果某个学生通过测评任务发现自己的导学学习情况不理想,那么该学生应该回到与错误率相关度较高的环节,回顾一遍,看看是否能够掌握。如果通过多次学习依然无法达成良好的学习效果,该学生还可选择将个性化的需求通过技术平台反馈给教师,从而获得定制化的辅导。

(四) 小结

仅线上导学部分就足以体现融合流程设计再造后教学系统功能与连接上的重要变革。"线上导学"中,教师几乎完全是隐入幕后的设计者,学生成了学习真正的主人。在导学的各个环节,学生的学习基础、兴趣和成果通过测评反馈机制呈现在教师眼前,学生成为真正的主导者。基于这些数据,教师应及时调整教学预设,修订课堂教学各环节的设计,以期与学生的真实反馈相匹配。从这个角度看,融合流程设计再造后的教学系统具备了教师与学生双视野的频道切换功能。"以学生为中心"不再是空喊的口号,因为再造后的融合式教学系统本身就是视角切换的有效解决方案。

二、课堂教学部分说明

进入课堂教学后,教师首先将结合导学测评反馈,综合分析短期学情数据和班级长期跟踪情况,确定教学目标。

导学作业或探究任务往往起着承上启下的作用,可作为课堂教学常用的导入材料。教师利用交流、讨论导学作业的契机,将话题聚焦在教学重点上,这样就能把"线上导学"作业和课堂教学导入环节有机结合起来,高效开展后续的教学。

同样地,为了确定学生是否能有层次地通过教学活动提升英语水平,教师可优先考虑设计评价任务,只有将反馈的数据不断积累起来,才能发挥"大数据"技术的优势,精准绘制每个学生个体的学习进度和成长曲线。当这些与整体教学系统相关度较高的因素处理完毕后,教师就可以设计课堂活动了。

学生在进入课堂教学后也是按部就班地开展课堂活动,完成评价任务,最终检验是否达成教学目标。需要强调的是,学生的反馈不仅仅是面向教师的输出,更是其自身开展探究活动的基础。简而言之,反馈不仅是给教师以反馈,也是学生自我确认学习效果、了解自身学习倾向的重要手段。这种学生自评同样也是教学活动和评价任务相融合的体现。

值得说明的是,课堂教学中的课堂活动语言难度更有挑战性,互动更丰富,真人交流更频繁,学习体验更全面。主题探究型的教学活动最适合在课堂教学中开展,能够综合性地提升学生的英语学科素养。而课内的主题探究活动又是对线上导学阶段初步探究成果的承接和强化。也就是说,"线上导学"和课堂教学本身构成了学生学习思维攀升的阶梯,而且两端是相互衔接的。课堂教学的主要教学设计不仅有赖于"线上导学"的学习基础,更强调深度学习的展开和个性化情感态度的生成。

三、课后探究部分说明

课堂教学暂告一段落只是意味着阶段闭环的完成。课后探究是对课堂教学的巩固、延续和加深。学生课后探究的形式有很多:可以是自主独立学习;也可以是和同伴开展合作学习;还可以是和教师开展多元互动,寻求教师指导。教师在指导学生课后探究时,既可以运用"线上导学"的形式,解答基础、普遍的疑问,也可以运用线下互动的形式,给予学生更多个性化的辅导。

在整体流程中,"线上导学"与课堂教学衔接、课堂教学向课后作业过渡、课后作业向下一课时的"线上导学"演化等关键处都蕴藏着丰富的探究活动的操作空间。也正是由于流程中保留了足够的探究空间,才使教、学、评三个维度既能自然过渡,又能相互融合。

第四节 教学流程实施案例

案例4 线上导学部分

教学内容:《高中英语(新世纪版)》高三上册 M3 U5 Using an AI robot as a librarian or a waiter

课时:第2课时

课型:Writing

设计者:山峰(上海市华东模范中学)

一、教学目标

1. 领会连贯性是构成一篇好作文的基本要素之一。

2. 运用四种实现作文连贯性的写作方法。

3. 运用所学知识修改自己的作文,使其连贯。

二、设计思路

本课时是写作教学的第2课时。

第1课时,学生已经通过教师引导、小组讨论、独立思考完成了"Using an AI robot as a librarian or a waiter"的写作。教师在审阅了学生的习作后,根据学生普遍存在的问题,确定了第2课时的教学目标。结合教学目标,运用"线上导学"融入中学英语课堂教学的理念,教师分别设计了线上与线下的教学活动。

学生通过观看线上导学视频,对"什么是好作文""一篇好作文应该具备哪些特征"有了大致的了解,再阅读自己写的作文,就会对其是否符合好作文的标准有个基本概念。导学视频提及的四种使作文更连贯的方法是本课时教师希望学生学会并运用的重点。课堂教学一开始,教师便引导学生回

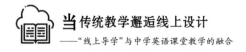

忆导学视频中关于 how to reach coherence 的四种方法,并让学生列在黑板上,将"线上导学"与课堂教学融合,之后的每一个课堂教学活动都紧紧围绕导学视频中的四种方法展开。课时结束前布置的课后作业也要求学生回顾导学视频来巩固课堂所学,并运用所学知识修改自己的作文,进而达成本课时的教学目标。

表 3－2 本课教学活动表

线上导学活动	活动 1:预习 Unit 1、3、5 的写作板块(the writing part)
	活动 2:观看视频"What Makes a Good Essay?"
	学后反馈与测评: 1. 梳理视频内容,了解怎样写出一篇好作文,以及好作文要做到哪几点 2. 阅读自己写的作文,思考是否符合好作文的标准
线上与线下教学融合活动	引导学生回忆导学视频中关于 how to reach coherence 的四种方法,并让学生列在黑板上,以便在线下教学中依次推进
线下教学活动	活动 1:阅读学生范文,教师通过提问,从 unity 和 coherence 两方面引导学生思考此篇范文是否符合好作文的标准
	活动 2:阅读不同的学生范文片段,通过教师提问和小组讨论,依次用四种方式对每一个范文片段进行梳理和修改,体会修改后文本的连贯性
	活动 3:把班级分成四个小组,对活动 1 中的学生范文进行阅读和讨论,每个小组关注一种写作方式,根据 checklist 对范文进行修改,并由每组代表在黑板上进行展示
	课后作业: 1. 再次观看导学视频,复习巩固课堂所学 2. 阅读自己写的作文,并根据 checklist 完成对作文的修改

融合流程设计的关键在于"融"。写作教学一直是高中英语教学中的一大难点,教师面临着初稿完成后如何高效且有针对性地组织学生修改的难题。倘若采用以"教师给出笼统意见,学生自我修改"为主的模式,学生写作技能的提升将变得十分缓慢。这节写作课中,"线上导学"在教学目标、学习活动、测评反馈三方面很好地与课堂教学融合,体现了融合流程设计下嵌套整合、强

化合力的理念与优势。

首先是教学目标的"融"。

教师秉承"逆向设计"原则,以终为始,从教学目标出发,在线上导学部分请学生预习课本上写作部分的内容,将教学目标定为:了解好作文的三个基本要素以及连贯性是其中一项要素,了解实现作文连贯性的四种方式。在学生完成线上导学部分的学习并进入课堂教学之后,教学目标改为:领会连贯性是构成一篇好作文的基本要素之一;运用四种实现作文连贯性的写作方法;运用所学知识修改自己的作文,使其连贯。

"线上导学"的目标侧重扫清课堂教学前有关"实现作文连贯性"的知识障碍,缩小学生写作起点的差异。"线上导学"的目标达成的是写作知识与技能的"了解",而课堂教学则要实现"领会""运用"等更高层次的目标;如果没有"线上导学"这样铺垫式的自主学习与自我反思,教师试图在一节课内让学生达成"领会""运用"四种实现作文连贯性的写作方法这样的目标是相当困难的。因此,在教学设计初始,教师应当整体考虑,根据写作课的具体教学内容制定合理的、层级清晰的教学目标,将偏重知识技能了解的初级目标交给"线上导学"来完成,偏重技能运用实践的目标则交给课堂教学来实现,促使学生将"线上导学"教学目标中的知识与技能自动转化化为课堂教学目标中的准入知识与技能,从而帮助他们在线下学习中更高效地发展相应的高阶能力。

其次是学习活动的"融"。

每种课型都有其特点,那么对于写作课而言,哪些学习活动(线上的导学任务)适宜放在微视频中进行"线上导学"? 写作的哪个课时适宜利用线上导学的微视频进行教学呢? 结合"线上导学"和课堂教学的特点来看,线上导学微视频的特点是精准度、概括性高而灵活度、互动性弱,所以在完成第 1 课时的写作且有了初稿之后,将修改初稿的任务安排在第 2 课时,针对修改要点和修改策略制作一个精准度强、概括性高、要点清晰、容量适宜的微视频显然是比较合理的安排。教师在完成第 1 课时的写作教学之后,先对学生普遍存在的作文问题进行归类,然后收集若干典型作文案例,概括出其中的问题,提出改进作文连贯性的四种方法,接着在第2课时的线上导学部分视觉化地呈现高度概括的好作文三要素及实现作文连贯性的四种方法,并鼓励学生不限时间与场所进行充分的自主学习。

再从双视野切换来看,学生可以按照自身的学习节奏反复观看写作的框架知识与核心要点,个性化的学习时空在很大程度上减少了他们对写作任务的焦虑感,提升了他们主动参与的积极性;尤其对于写作基础相对薄弱的学生来说,这在一定程度上拉平了他们与基础较好的同学之间的学习起点差异,能够满足更丰富多元的学情需求,从而让他们在课堂教学中游刃有余地参与到小组改写的讨论活动中。对教师而言,除了对学生的作文进行批阅,更多的是要关注学生写作中的一些普遍性问题及解决策略,通过鼓励学生完成第2课时的预习(观看导学视频)来实现第1课时的作业反馈,随后在课堂教学中顺理成章地引导学生带着修改策略参与修改活动,同时借助电子白板技术,配合学生的作文案例,及时反馈学生的课堂思维,及时生成思维信息的视觉反馈,提升学生的认知效率,使学生从课堂信息的被动接收者转变为课堂信息的主动输出者。课堂教学之后的线上分享修改稿环节,学生既可以自主修改作文,也可以同伴之间互改互助、合作学习;教师可以进一步提出修改意见,线上归纳普遍性错误与问题,线下互动给予个性化辅导。

由此可见,"线下撰写作文初稿—线上学习修改意见和修改策略—线下讨论完成修改任务—线上分享互评作文修改稿"的环形写作活动有效地促进了个性化学习、分享式学习,提升了学生的学习能力与思维品质。

需要指出的是,"线上导学"虽是整个融合式教学设计的先导环节,但也自成一体,活动应体现难度系数的坡度。教师可以设计一些选做类的拓展型任务,比如要求写作能力强的学生自主小结增强作文连贯性的技巧及注意事项,关注自身写作水平的发展曲线,鼓励学生认真思考导学任务中的探索类问题,这样学生会带着更丰富的背景知识、更高涨的学习热情进入课堂教学。

最后是测评反馈的"融"。

教师在收集、整理和分析学生反馈的作文后制作了线上导学微视频,这一行为本身就是对第 1 课时教学的总结反馈,学生的写作基础、语言问题通过线上反馈呈现在教师眼前,教师可以基于这些数据对比预判,调整视频内容,使实现作文连贯性的四条建议与学生的真实写作水平适配性更高。导学中教师针对学生作文提出的整体性、概括性修改意见和修改策略,也为课堂教学中学生能够提出开放性问题做了思维上的充分铺垫。可见,"线上导学"中的反馈评价对教师确立导学视频中的教学内容和设计课堂教学中的活动任务起到了正向影响作用。此外,在导学视频的评价环节,教师可以为学生提供一份自评量表,引导学生使用元认知策略深入思考线上学习的收效,提升线上学习的自我监控能力。

从单元教学的整体架构来看,线上导学阶段的各种测评形式可视为课堂教学阶段的学前测试,它们既是线上教学的收尾,也是课堂教学的开篇。导学是针对写作第 1 课时的反馈评价,后续再由课堂教学完成对这一反馈问题的解决——修改初稿,改进作文的连贯性。在这节写作课中,第 2 课时的课堂教学可以说是以演绎法的思路展开的,教师以"改进作文连贯性的四种方法"为明线,以"高考作文评价的三个维度"为暗线(即促进学生对写作结构、语言、内容的深层思考与探究),在通过追问这一教学手段实现了对学生作文的即时性反馈与形成性评价,帮助学生了解了导学视频中的概括性、纲领性评价意见之后,在课堂教学中通过生生互评完成有步骤、有细节的作文修改,最终实现了融合流程设计的目标——学生能够有的放矢地独立完成修改自己作文的任务。学生则通过对这一系列具有诱导性、启发性的问题的思考、讨论与回答,完成了对同学作文的各种角度的修改,并在了解了"线上导学"中教师对初稿的意见后对自己的作文进行层层深入的反思,最后完成整篇文章的修改任务。可以推测,接下来的作业展示环节,即修改后的优秀作文线上共享,若教师能鼓励学生利用网络平台进行文字或语音互评,那么它将成为下一个测评反馈的环节。在此过程中,测评反馈不仅可以衡量学生知识与技能的达成度,还可以将学习的过程与方法显性化,使学生的情感态度可视化。教师完全有望实现"线下写作—线上反馈(教师评价、总结归纳)—线下修改—线上反馈(成果

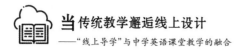
展示、生生互评)"这样一个写作教学的线上线下循环模式,其中线下的评价偏重即时性、互动性,线上的评价则偏重归纳性、展示性,两者彼此交融,相辅相成。

案例5 课堂教学部分

教学内容:《高中英语(上外版)》必修第二册 U3 Exploring the Unknown

课时:第1课时

课型:Reading

设计者:徐厉(上海市市西中学)

一、教学目标

1. 通过对关于世界文化遗产巨石阵的文本阅读,促进跨文化意识的形成,培养语言思维能力。

2. 借助网络导学平台,对文本建立初步印象,熟悉基本文本框架和语词,培养独立学习能力。

3. 通过对文本进行由浅入深的阅读和分析,从浅层理解到深层阅读,理解文本的脉络,搭建思维的框架,促进对文本的深度理解。

二、设计思路

本课时为该单元主阅读的第1课时。

不同于一般阅读课惯用的读前、读中、读后三部曲设计,本课采用课前"线上导学"模式,以10分钟微视频作为阅读导入,旨在帮助学生初步建立对阅读文本的整体性理解,并为课堂教学的深入做必要铺垫和准备。

微视频对文本核心词汇进行提炼和讲解,并对文本内容作了概括性梳理,同时配以学习任务单,意在强化学习效果。学生在课前观看微视频并完成学习任务单后,便能基本扫清生难词障碍,基本把握文本大意,这有助于教师提高课堂效率,为开展深层次阅读活动争取更多时间。

"线上导学"中,学生自主、独立地依据教学流程进行在线学习,完成相关学习任务,为深度学习做准备,而课堂教学则以小组合作探究和讨论为主要形式,学生通过探讨、协作深度学习。线上与线下融合的模式使自主学习、合作学习两种不同的学习方式得以齐头并进,线上学习旨在提升学生的学习主动性,增强他们的学习自主意识,课堂教学则意在提升学生合作学习、探究学习的能力。自主学习、合作学习依托线上、线下并行,进而推动学生整体学习能力的提高。

表3-3 本课教学活动表

线上导学活动	活动1:观看教师制作的10分钟导学微视频
	活动2:根据教师提供的网站指引,在课前完成相关话题素材的检索和整理
	学后反馈与测评: 1. 完成学习任务单(包含巨石阵的相关介绍、基本文本结构和文本核心词汇等内容) 2. 完成相关话题的素材积累
线上与线下教学融合活动	1. 线上基础词汇输入,为学生扫除一定程度的阅读障碍,并为后续的课堂互动环节提供语言基础,有助于学生在阅读过程中巩固对词汇的认知 2. 课前素材积累,帮助学生探索巨石阵的形成原理和存在意义,呼应线下的课堂活动,为课堂上进行类比和分析提供内容基础 3. 课前对文本基本表述框架进行提纲挈领的梳理,为线下教学中细致梳理文本、引入深层阅读和语言表达提供逻辑基础,线下教学将逻辑框架应用到语言输出环节,完成语言知识的迁移
线下教学活动	1. 通过语段话题配对活动将文本理解的层次引入到核心内容的挖掘,同时按不同表达重点对文本划分层次 2. 逐个层次精读内容,不断探索文本的深层次内涵,如:聚焦首段中用于描写巨石阵的形容词,展示语言适切之美;关注巨石阵的建造过程,感受语言描述中结构演进之美;总结文本中有关巨石阵起源和巨石阵存在意义的理论,呼应单元目标,展示对未知世界的探索之美 3. 结合课前搜集的素材和课堂文本阅读内容,提出个人关于巨石阵成因和意义的思考,提升思维高度,培养创造性思维 4. 综合前情,总结对巨石阵的总体印象,由微观分析转向宏观提炼,培养逻辑思维 5. 开展"角色代入"活动,以巨石阵导游的身份介绍巨石阵,建立和世界文化遗产之间的共情联系,培养跨文化意识,借助语言应用实践辅助学生完成知识的迁移和创新,帮助学生实现语言能力的全面提高
	课后作业: 1. 撰写一篇关于巨石阵的150字介绍文章 2. 观看BBC介绍巨石阵成因和意义的纪录片

这节课的阅读文本"Stonehenge"是一篇介绍英国著名文化遗产巨石阵的说明文。从课堂教学实施效果来看,这节课节奏紧凑,层层深入,将文本所承载的"人与自然"的实质内涵体现得淋漓尽致。整节课教师通过多个有效的问题设计和活动设计带领学生不断挖掘对文本的深层次理解,并在教学过程中有效地进行了文化信息的传达和学生思辨精神的培养。这都是完整教学生态带来的硕果,离不开"线上导学"在课前的充分准备。

首先是以"导"再造课堂,构建融合式教学生态。

以学生为主体、教师为主导的导学案教学,倡导学生在课前通过任务清单自主发现问题、解决问题,并能在课中以小组合作探究的形式共同完成学习任务。这种课堂融合式教学生态实现了"先学后教"的自主学习,让学生成为课堂的主人。我们相信这种教学生态模式能够有效培养学生的自主学习能力和小组合作能力,同时提升他们的英语学科核心素养。

以教师设计的课前导学及相关视频为例,线上导学环节是教学设计的新颖之处,也是课堂教学能够真正有效实施的前提条件。从这10分钟的线上导学视频中我们可以看到,教师有意识地通过文化背景介绍,帮助学生对文本内容进行概括性的梳理,其中任务单的设计更是为学生的课前学习提供了一个"脚手架",线上导学内容可反复呈现的功能助力不同能力的学生在课前达到近似的知识水平,提升学习效能,强化学习效果,为教师后续在课堂教学中挖掘对文本的深层次理解创造了条件。从实际的教学效果反馈来看,教师基本上实现了教学预期。

其次是通过有效"融"合,提高课堂教学的效能。

"线上导学"与课堂教学融合的教学模式是随着信息化技术和互联网技术的发展探索形成的一种新的教学模式。这种教学模式不是两个教学阶段的简单拼接,而是两个教学阶段的有效融合。因此,教师在进行教学设计时必须非常清楚融合点在哪里,以及融合的方式是怎样的,这样才能解决融合效果的问题。在线上导学阶段,教师要解决的是文本的浅层次理解问题,同时扫清深入阅读的语言障碍,激发学生的问题意识和学习兴趣。而在课堂教学阶段,教师要设计更丰富的教学活动,使线上与线下教学一脉相承、相得益彰,从而提高课堂教学的效能。

回顾教师精心设计的线下阅读课,线上与线下的融合首先体现在视频导入课的最后,学生们带着"分析课文中提到的巨石阵形成的理论以及是否有其他理论"(Analyze and evaluate the theories mentioned in the text about the origins and meanings of Stonehenge and find out more theories)这一问题进入课堂。学生们期待在课堂上与同伴分享自己对于这个问题的思考,也期待在思维的碰撞中擦出新的火花。

线上与线下的有效融合还体现在作业设计环节。教师在课后布置了两个作业。一是撰写一篇关于巨石阵的150字介绍文章。通过线上探索和课堂研读,学生们对于巨石阵的相关知识有了一定了解,文化意识也深深地扎根在他们心中。教师要求学生对这一文化遗产进行介绍,目的是将他们在课堂上所培养的"文化意识"和"文化背景知识"通过写作的方式输出,一方面检验学生们的课堂听课效果,另一方面训练学生的实际写作能力。二是观看BBC关于巨石阵的纪录片。这个作业不仅能够进一步加深学生对于巨石阵这一世界文化遗产的了解,还能提高学生学习英语的兴趣。

最后是通过多元活动,促进多元思维的形成。

如果说沟通与交流是教学的本质,激发学生对问题的兴趣和对问题解决的追求是教学的关键,那么教师就应该想办法把课堂真正地还给学生,把学习时间更多地留给学生,让他们有机会在课堂上发现问题、解决问题、生成新问题。教师在备课时要努力确保教学设计情境化、问题化、活动化,把文本或语篇所包含的语言知识通过具体的情境呈现出来,从而让学生更有效地体悟语言的语用功能。

除了线上导学环节需要设计一定的活动让学生参与,以此激发他们的学习动力和学习兴趣之外,在课堂教学中,教师也应通过多元的活动设计辅助学生探索未知。多元的活动不仅能够提高学生的学习兴趣,还能够促进学生多元思维的形成,从而真正促进英语学科核心素养的提高。

目标文本围绕巨石阵起源和意义的不同假说进行了介绍,教师从这些假说入手,引导学生进行讨论,发表自己的看法。在学习过程中,学生们的逻辑思维、创新思维及批判性思维都得到了不同程度的锻炼。

本堂课既有文本理解等思维层面的活动,也有口头表达等输出型能力锻炼的环节,学生的参与度非常高。此外,由于问题的设计、引出和活动的安排符合学生的年龄特点和思维能力水平,因此学生的学习获得感也较高。

案例6　课后探究部分

教学内容:《初中英语(牛津上海版)》9B U1 Saving the earth

课时:第 1 课时

课型:Reading

设计者:马文莉(上海市高行中学)

一、教学目标

1. 通过阅读,学习语篇内的重点词汇。

2. 发展阅读策略和技巧,如预测、略读、细读、拼图阅读,获得语篇大意,理解语篇细节。

3. 通过线上线下、课内课外、多渠道、多场所的自主、合作探究,对标题"The green consumer(绿色消费者)"作出创新性的定义。

二、设计思路

本节阅读课尝试视频先导的预先学习模式,让学生课前先通过在网络平台观看导学微视频复习旧知,同时获取与主题相关的背景信息,扫清生难词障碍,并初步理解文章形式、大意、结构,然后引导学生以问题为指引对相关话题进行批判性思考并进行课外自主探究。视频先导的线上预先自学为课堂教学做好了学习内容、结构和背景知识方面的充分准备,为课堂教学中教师引导学生深度理解文本,以及开展基于文本的语言训练、话题探究、思维拓展留出了足够的时间。线上与线下的活动相互衔接,有所呼应,教学效率大大提升。同时,线上导学活动引发的探究主题作为教学活动主线,贯穿线上与线下教学,既提高了学生对话题的学习兴趣,激发了学生的探究欲望,又能促进学生在课外和课后开展多渠道、多形式、广泛深入的主题探究。

表3-4　本课教学活动表

线上导学活动	活动1：教师提醒学生在网络平台进行微视频先导的线上自主预学；学生首先观看动画 *Learn about pollution*，回顾学习过的环保知识，同时获得更多相关背景知识和信息，然后尝试回答预学案中的问题，检测学习效果
	活动2：学生观看微视频中的词汇学习部分，听读单词和词组，并通过教师的讲解尝试掌握它们的发音、含义、用法、词性
	活动3：学生在微视频中教师的引导下通过标题和图片了解文本的形式，并通过问题获取文本结构和大意
	活动4：学生在微视频中教师的引导下关注文本最后一段中"green consumer"的定义，对该定义进行评价性的思考
	自主探究活动： 1：学生在平台讨论区对定义作出评价 2：学生多渠道（观看导学视频，上网，阅读，采访家人、教师、专业人士，依据生活经验等）搜索资源，自主探究更多保护环境的方法和途径，赋予"green consumer"新的定义（该活动成果将在线下教学活动4中予以呈现及讨论） 3：从不同的维度（师评、他评、自评），依据每个学生在线下活动中的表现及探究成果的丰富性、创新性程度等，对其在自主探究活动中的活动效果、表现、参与度等作出评价和反馈
线上与线下教学融合活动	活动1：在线下教学中，学生回忆微视频中提到的危害生态环境的四大因素，并将四大因素和图片配对，以检验在线上活动中对文本结构和大意的掌握程度
	活动2：在线下活动（将句子与文本小标题配对）的课堂反馈中，学生要说出句子中图片所代表的生词，以检验线上词汇学习的效果
	活动3：在线下教学中，学生以小组为单位，回顾在微视频学习时找到的关于"green consumer"的定义，并与同学分享自己在平台讨论区对该定义作出的评价，小组讨论并班内展示基于自主探究所形成的小组成果——"green consumer"的定义

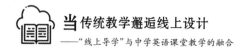
（续表）

线下教学活动	活动1:将危害生态环境的四大因素与图片配对
	活动2:学生获得提炼文本内容的12个句子,句中的部分生词由图片替代;学生以小组为单位,将句子与文本小标题(危害环境的四大因素)配对并排序;学生进行课堂反馈
	活动3:学生分组进行拼图阅读;学生四人一组,每人选取文本前四部分(四大因素)之一,带着相应问题深入阅读获取答案,并借助文本细节信息进行讨论,随后小组将讨论结果与全班分享
	活动4:学生分小组,联系生活,集思广益,利用自主探究学习获得的相关知识,与小组成员进一步深入探讨环境保护的方法和途径,记录成为"green consumer"的小贴士,并向全班发表自己小组"如何成为绿色消费者"的观点,为"green consumer"赋予更多的定义
课后探究活动	活动1:经过课堂探究讨论和观点展示,学生获得更多信息,对于"green consumer"的定义有了新的想法;课后,各小组进一步探索,讨论并挑选出最具创造性和实践性的小贴士(环境保护的方法和途径),完成课后作业——制作主题为"To be a green consumer"的海报
	活动2:学生在课后可以进行多途径、多维度的小组讨论,比如通过微信、QQ等聊天工具,或在网络平台留言讨论,面对面讨论,讨论形式也可多种多样,如生生、师生,甚至可以跨小组;教师对学生的活动进行指导,既可以通过线上平台、聊天工具对普遍性问题进行解答,也可以对个别小组和个人进行个性化的辅导
	活动3:如有必要,学生还可以发掘各种有效渠道,如通过网络、书籍(图书馆)、询问专业教师等,对话题进行深入探究,搜集更多环境保护的方法和途径,并基于创造性和实践性的标准,讨论筛选出优质的探究成果,在确定海报文字内容(环境保护的方法、途径小贴士)时,要关注内容的创新性和趣味性,同时考虑海报文字的特征,内容应简明且有吸引力
	活动4:从不同的维度(师评、他评、自评)和角度对学生在课后合作探究活动中的表现进行评价和反馈,评价既指向小组合作完成的海报本身,如海报的外观、内容、创意等,又包含对学生参与合作探究活动的过程性评价;教师设计针对学生在合作探究活动中的表现的评价量表和评价标准,如参与度、积极性、奉献值、创意性、合作性、协作性等

本节课将"线上导学"融入初中英语阅读课堂教学,不仅提高了教学效率,更有效促进了学生对课堂教学主题的自主合作探究。

首先,"线上导学"有效引发自主探究,为多模态的教学模式提供了充足的时间和空间。教师在线上导学阶段能够突破课堂教学时空限制,为学生提供较为新颖、多样的教学手段,提高学生对话题的学习兴趣,激发学生的学习和探索欲望。本节课中,学生在网络平台观看视频,听教师讲解,回答教师提问,思考评价课文内容。趣味盎然、形式多样的线上导学活动不仅激活了学生的背景旧知,促进他们学习新知,更引出了探究主题,引发了学生对探究话题的思考,从而促进他们自主进行多渠道探究。本课的教学重难点——学生能够通过自主、合作探究,对语篇标题"The green consumer(绿色消费者)"作出创新性的定义也得以有效达成和突破。

其次,线上线下融合式教学为学生的合作探究提供了多样的场所。线上与线下融合教学模式突破时空限制,使合作探究不再受限于教室这一单一的学习环境。学生可以采用多种形式进行合作探究,如课堂内基于话题的小组讨论和观点分享、课堂外的面对面讨论,以及利用网络聊天工具和网络平台进行的课后合作探究讨论。学生的合作探究从课内延伸到课外,从教室延伸到网络,贯穿整个教学过程,有效促进了探究目标的达成。

再次,线上线下融合式教学为学生获取探究资源提供了多样的渠道。充足优质的资源能够为探究学习提供保障。比如,学生可以通过阅读书籍、询问教师(专业教师)、咨询专业人士、和家人讨论等线下方式,也可以通过观看导学视频、上网获取信息等线上方式,更可以在与同学、教师进行线上或线下合作探究讨论的过程中获得资源,丰富多样、开放自由的学习渠道使探究过程更具多元性、科学性、专业性、创造性。

最后,多角度、多维度、多途径的评价机制激发了学生的探究动机。自主合作探究活动多发生于课外。在课堂上,教师可以通过观察、即时评价反馈等对学生的课堂表现作出有效评价,激发学生的学习动机,监督学生的课堂表现和效果。在课堂外,如何使学生的探究活动表现得到有效的监督和激励? 多角度、多维度的评价反馈机制必不可少。例如,本课"线上导学"的最后一个活动是教师引导学生关注课文最后一段中"green consumer"的定义,学生在平台讨论区对该定义作出评价后,教师再布置相应的自主探究作业(自主探究活动2)。该作业需要学生在"线上导学"之后利用课余时间自发地对主题进行探究。课堂教学中,教师为呼应线上活动及探究作业,组织学生以小组为单位,在自主探究任务所获资源成果的基础上,与小组成员进一步探讨环境保护的方法和途径,记录成

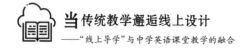
为"绿色消费者"的小贴士。讨论"绿色消费者"小贴士的小组活动,其实是线上自主探究成果的展示平台,目的是检测学生在自主探究活动中的学习效果和成果。为使评价更公正公平且有据可依,教师设计了相应的自主探究评价体系,激励和督促学生参与自主学习过程。自主探究评价体系从不同的维度(师评、他评、自评)对学生在整个自主学习过程中的表现进行评价,教师再综合所有评价对每位学生进行评分,因此学生学习起来更有动力,参与活动的积极性更高,活动效果也特别好。

对于合作探究活动的评价,教师主要从两个角度入手:一是海报质量,二是学生在小组合作探究活动中的表现。教师首先设计了针对探究成果海报的评价量表,从清晰度、相关性、美观性、新颖性等角度,从师评、他评和自评三个维度对海报进行评价。此外,教师还设计了针对学生在合作探究活动中的表现的评价量表和评价标准,以参与度、积极性、奉献值、创意性、合作性、协作性为标准,对学生课后的合作探究活动作出多角度、多维度的评价。合作探究活动评价兼顾多个方面,不仅有效激发了学生参与活动的热情与积极性,更有力推进了学生合作完成探究成果。

值得一提的是,由于线上线下融合式教学的环境优势,评价反馈不再仅仅发生在课堂教学中,网络平台、聊天工具都可以成为交流评价反馈的场所,比如学生可以通过微信交流自己对其他小组成果的评价。在网络平台,教师设置了评价板块,学生可以自由发布自己的评价,而评价也不再是填写表格,而是多渠道的畅所欲言,体现了合作探究活动的鲜明特点。

第四章

"线上导学"与中学英语课堂教学融合的资源支持

美国教育传播与技术协会(Association for Educational Communications & Technology)曾经把教学资源分为设计的资源和利用的资源两大类,之后又对教学资源的界定进行了更新,认为其主要包括教学资料、教学环境与教学支持系统。

教学资料是具有一定教育价值的各类信息资源的总和。信息化教学资料则是以数字形式存在的各种教学资料,包括各种数字化素材、教学软件等。教学环境不是简单地指教学过程发生的场所,而是学习者运用教学资源开展学习的具体情境,体现了教学资源组成的各要素之间的相互作用,是教学资源概念的关系性视角。教学支持系统主要指支持学习者有效学习的内外部条件,包括学习能量的支持、设备的支持、信息的支持、人员的支持等,是教学资源概念的结构性视角。

通俗地讲,教学资源泛指一切可以帮助学生达成学习目标的教学组成要素,即有效开展教学的素材和条件,一般包含教材课本、教学案例、图片动画、影像视频、课件等,同时也包含教师资源、辅助教具、基础设施、教学环境与时间、技术支持等。

第一节 时 空 之 变

一、教学环境的改变

(一) 教学环境的变化及影响

传统意义上的教学通常发生在诸如教室等相对固定密闭的教学空间内,由教师面对面地为学生授课,教师和学生必须亲临现场完成教学任务。

传统教学环境有诸多优势。在传统课堂教学中,教师主控性强,往往能够系统、快速、精准地传授知识内容。教师与学生能直接进行交流、互动、评估及反馈,这亦有助于教师了解、组织、监控整个教学活动的进程和效果。

但传统课堂学习受空间影响,有一定的封闭性、保守性和局限性。因教学场所相对固定,学生必须到教室上课才能获取知识,如果偶遇突发情况无法到校,则将错过这节课的内容;传统课堂上,获取知识的主要途径是教师讲解和教科书,学生较难灵活自主地通过网络获取更多相关的学习资源,也无法进行更深层次的自主探究学习;传统课堂上,教师占主导地位的直接讲解虽然能够高效地传授知识,但这在一定程度上是以牺牲学生自主探索、深度研究和创新能力为代价的,大大削弱了学生的主体地位;传统教学环境也忽略了学生在学习方式、学习习惯和学习能力上的个体差异,较难提供视觉、听觉、实践等全方位的直观体验,更无法根据学生的实际能力和水平提供差异化教学内容。

而"线上导学"融入中学英语课堂教学打破了学习空间的制约,学生借助现代化通信工具和信息化、多元化师生互动平台,利用网络资源、直播课、录播课和资源包等,在任何有互联网的地方都可以进行自主学习,实时完成相关学习任务。打破空间壁垒后,学生不再被禁锢于方寸之间,"处处可学"的广袤天地为他们提供了无限空间和可能。他们将有机会获得世界范围内更多更优质的学习资源,充分发挥自主性和创造性,提高独立学习能力,全方位地提升学习效果和学习体验。

（二）信息化网络教学环境的构建及意义

1. 信息化网络教学环境的内涵

现代信息化网络教学环境是指运用现代信息技术建立的能够实现信息化教学活动所必需的诸多主客观条件和力量的综合,包括信息化教学支持环境和信息化教学资源环境,其核心在于因特网的支撑。因特网覆盖教学环境是大前提,信息化教学硬件支撑是实施信息化教学的基础,信息化教学资源则是教学活动得以进行的根本和关键。借助教学支持和资源环境,教师在校园内外任何有互联网的适宜空间都可以开展教学工作。

2. 信息化网络教学环境的构建

如何构建信息化网络教学环境?我们认为可以利用互联网形成数字化校园,通过打造现代多媒体教室、图书馆、实验室,以及开发和建设功能强大的教学信息资源库、制作多种数字化信息媒体、建立虚拟网络教学平台等来构建信息化网络教学环境,优化教学效果。

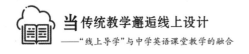
（1）信息化教学支持环境

信息化教学支持环境主要指网络设备和计算机等硬件支撑,包括建立多媒体网络教室、语言实验室、电子阅览室、数字图书馆、数字化教室等,它们是实现数字化校园的物理设施基础,可支持网络教学的具体应用。

（2）信息化教学资源环境

信息化教学资源环境包括各网络教学平台、教学信息资源库,以及用于学习、管理、推送、数据分析等各类软件应用。教师通过录制微课视频、使用有助于英语教学的 App 等多种方式来打造与课堂教学相衔接的线上教学平台和环境,创设一体化的互通式学习路径。课程设计、在线学习、相关学习软件的开发和作用、学习资源的推送、教学管理、教学评价、师生互动交流等都将通过网络教学平台得以实现。

3. 信息化网络教学环境的特点

信息化网络教学环境具有设备先进、技术高新、资源共享、环境开放、学习方式个性化、师生交流多样化、师生角色平等化等特点。

（1）设备先进,技术高新

教育信息化的先决条件在于教学场所或空间配有先进的数字化设备、快速的网络支持及相应的多媒体软硬件设备,这些是教育信息化的物质基础。

（2）教学资源丰富,便于因材施教

网络教学资源内容极为丰富,图像、文字、影音等一应俱全。不同形式的教学资源能适应不同学习者的需求,有效帮助学生深化理解问题,灵活掌握和运用所学知识。

（3）教学场所灵活,满足个体学习需求

互联网覆盖的信息化网络教学环境依托教学平台和各种软硬件设备,使学生的学习不再拘泥于课堂这一单一场所,而是在校内外任何有网络的适宜学习的地方都可以获取学习资源,并借助各类在线交互平台与他人交流,实现协作学习,让学习更便捷高效,使"没有围墙的校园"成为现实。

（4）有利于发挥学生的主观能动性,培养其自主学习能力

信息化教学模式下,学生将逐步由被动学习转变为主动学习,由接受式学习

转变为探究式学习,增强自身主动获取知识、处理信息的能力,成为知识信息的主动建构者。这样的教学模式能培养学生的发散性思维能力和自主学习能力,更有利于发挥学生的主体作用。

(5) 有利于互助互动,培养协作式学习形式

信息化教学过程的多媒体化、网络化,使学生与教师、学生与学生之间可通过网络媒体或学习平台即时交流,实现协作式学习, 对其认知能力的发展、协作精神的培养和良好人际关系的形成具有一定的促进作用。

(6) 优化线下课堂教学,线上线下有机融合

信息化网络教学环境同时也能优化线下课堂教学,方便教师在上课时使用电脑、iPad、手机、幻灯、交互式电子白板等高科技数码设备辅助教学,使学生在课堂上获得更佳的学习体验,促进师生互动和交流,实现探究合作式学习。

(7) 加速师生角色转变,师生关系趋于平等

信息化教学模式使教师从监督者和管理者向帮助者和引导者转型,使学生从受约束、受管理、受监督角色向学习的主控者转型。转型过程对学生的学习能力和自我约束能力提出了巨大挑战。

(8) 教育管理自动化

信息化网络平台的搭建和各类监管、统计、分析软件的使用使教学管理趋于自动化,在人工智能和大数据分析的助力下,教学管理变得更精准、更高效。

4. 信息化网络教学环境的意义

信息化网络教学环境为学生和教师创造了一个现代化的交互环境。这个环境不仅指教学过程发生的场所,更重要的是指学习者与教师、教学资源在交流过程中采用的交互方式以及由此带来的交互效果。学生与教师之间的交流与沟通、学生与学生之间的合作与促进、学生与教学材料及教学资源之间的相互作用等构成了具有丰富底蕴的学习环境。此外,学校、家庭和社会的联动也为创建开放性的信息化网络教学环境提供了条件。

与传统课堂环境相比,信息化网络教学环境增加了学生学习的主观能动性,促使其由被动学习转变为主动学习,最终成长为研究型、探索型学习者。信息化网络教学环境的构建对于优化教学过程、实现线上线下混合式教学意义重大,为

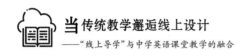

"线上导学"融入中学英语课堂教学提供了技术和资源的全面支撑。

二、教学时间的改变

(一) 教学时间的变化及影响

传统课堂因每节课的教学时间相对固定且时长有限,其弊端十分明显。对教师而言,为了在规定课时内完成所有教学任务,他们常常需要赶进度,结果不得不牺牲课堂讨论和探究过程以应对考试。对学生而言,所有人必须在规定时长的统一课堂内掌握教师教授的所有内容。忽视个体学习习惯、学习能力、学习方式差异的传统课堂教学最终会导致学生之间学习效果的巨大差异。

而线上线下混合式教学使教师能在线下课堂中腾出更多时间开展师生互动,或释疑解惑,或探索讨论,促进学生高阶思维的发展,使学生能按自己的学习节奏学习。

当学习能够脱离时间因素的限制时,相关优势也得以体现。

1. 知识输入率增大,消化率提高

以英语学科为例,传统的线下教学受时间限制,学生的知识输入量远远不够。而线上线下混合式教学给予学生充足的学习时间,学生可以利用课堂外的时间自主学习,这保证了学生足够的语言输入,为从"量变"到"质变"提供了条件。线下课堂上,教师通过一系列输出活动,帮助学生进一步提高表达的流利度和准确性,提高其思辨性、得体性。大量的语言输入加上行之有效的语言输出保证了良好的学习效果。

2. 时间灵活自主,个体自主学习

线上学习过程中,学生可根据个体差异灵活调整学习时间,提高学习效率。能力较强的学生可以"倍速化"或"选择性"学习,比如在观看微课视频时,该部分学生可以选择 1.5 倍速或 2 倍速聆听知识点或跳过已充分掌握的内容,这样他们学习的总体时间会大大缩短。此外,网上课程的可回放性也为不同能力的学生理解及巩固知识创造了良好的条件。

3. 碎片化交互过程一体,降低边际成本,实现规模效益

系统化、专题化的线上课程可使碎片化的知识形成庞大的体系,如英语语

法。当要花费多节课才能讲完的庞大语法体系通过网上微课集中有序地呈现出来时,分散的知识点将变得整体化。这一过程有利于学生在短时间内集聚相关知识,形成整体思维意识,从而集中学习或突破某个知识点。当学生将知识点串联起来,在同一体系下就某一专题的知识进行系统思考时,他们就可以做到融会贯通,这有助于学生进行拓展学习,提高学习效率。

4. 大数据赋能教学,提高课堂效率

线上教学在测试、评价和自动化批阅过程中能够系统生成数据反馈,方便教师根据学生的答题情况归纳典型问题和个体差异,从而在线下课堂中帮学生解决学习难点。同时,人工智能的发展使系统平台能根据学生的知识掌握情况推送适宜的学习资源和跟进练习,避免重复刷题,节约学习时间。可见,人工智能及大数据统计赋能教学,显著提高了课堂效率。

(二) 线上线下教学时间合理化

在将"线上导学"融入中学英语课堂教学的过程中,我们必须特别重视线上学习与线下学习的时间占比,以及如何使其趋于合理化。

对学生个体而言,每日学习时长是有上限的,一旦超过上限,学习效果会很差。在传统课堂教学中,学生每日的实际学习时长或超过 7 小时,平均每日复习与作业时间或超过 4 小时,将两者相加可知平均每日用于学习的时间或长达 11 小时。但一个学生的有效学习时间可能只有 8—10 小时。因此,如何在传统课程中加入线上课程,利用线上线下混合式教学节约学习时间、提高学习效率是重中之重。

三、时空之变为教学带来的机遇和挑战

(一) 机遇

在科学技术高速迭代的今天,网络信息技术的发展使线上线下融合式教学成为可能。教学时空上的延展和突破颠覆了传统课堂教学,崭新的教学模式呈现出勃勃生机。教学时空的变化使教师的角色从资源提供者变为资源选择者和资源组织者,从知识传授者变为学习问题解决者和深度学习促进者,从集体化教育者变为个性化教育者。教学时空的变化也使学生真正成为学习的主人,以适合自己的学习节奏、学习方式高效提升学习能力。这种变革在教学方式、信息获

取、资源共享、师生互动等诸多方面体现出更鲜明的个性化和多元化特征,为未来教育提供无限契机。

具体体现在以下方面:

(1) 教学方式:线上线下结合,提高思辨能力,实现深度学习;

(2) 教学环境:突破现场空间,课内课外融合,真实虚拟交错;

(3) 教学时间:延展学习时间,自主灵活,个性化学习;

(4) 教学组织形式:集体、小组、个别相交错;

(5) 教学资源:形式更多样,内容更丰富,实时有趣,适度匹配;

(6) 教学反馈:人工智能大数据助力教学,分析精准、及时且高效;

(7) 教学过程:更开放多元,打破封闭的单通道;

(8) 课程内容:结构化、选择性、个性化;

(9) 学生活动:实践性、综合性、自主性;

(10) 师生关系:平等、民主、开放。

当传统学校教育大规模吸纳网络教育资源,构建成线上线下混合教学模式时,教师和学生都将逐步走出教室的"信息孤岛",进入一个全国甚至世界范围内可自主提供并选择教学资源的新阶段。

畅通无阻的学习环境、大大丰富的学习内容、灵活选择的学习方式、双向选择的师生关系和精准伴随的学习评价等,都是"线上导学"融入中学英语课堂教学为我们带来的机遇。

(二) 挑战

社会在进步,技术在创新,教育在发展,"处处能学、时时可学"的线上线下混合式教学一定会成为教育新常态。但信息技术在为教育带来无限可能的同时,也对未来教育提出了巨大的挑战。在此过程中,我们必须认真追问以下问题:

我们是否已有较为完善和成熟的平台以满足线上教育教学、资源匹配推送、教学评估反馈及师生在线互动的需求?

我们的教学环境所需的硬件设备和网络是否能支撑及满足大量师生同时直播、点播和下载资源的要求?

我们的教师是否已在课程设计、教学理念和教学方式等方面为线上线下融合式教学做好了变革的准备?

是否所有教师都已具备足够的信息技术意识、信息素养及信息化教学应用能力来实现线上线下融合式教学?

在没有教师监管的线上学习过程中,面对信息纷杂的网络环境,我们的学生是否具备足够的自控力和自主学习能力?

是否所有的家庭都有适合学生在线学习的终端、条件和环境?

人工智能和大数据技术能否赋能教师,助力知识图谱、分析诊断和个性化推送,实现因材施教?

教师和学生是否能合理安排线上线下学习时间,使学习效率最大化?

如何解决在线学习缺乏有效师生互动的弊端?

上述问题是我们在实现"人人皆学、处处能学、时时可学"的线上线下融合式教学过程中必须认真思考和面对的。若我们无法正视并解决这些问题,线上线下融合式教学就无法发挥其应有的价值,将"线上导学"融入中学英语课堂教学也只能是空中楼阁。

第二节 资源建设

一、线上导学资源的定义

线上导学资源是指经过数字化处理后,能够在计算机或互联网上运行的辅助教学的资源,通常有网络课程、声像资料、电子教案、数字化素材库等形式。线上导学资源是教育信息化的产物,是开展网络教育的前提条件和必备基础,是构建全新教育教学模式、推动教育教学改革的基本前提。

二、自制线上导学资源的意义

在信息化高速发展的今天,网络上的英语学习资源日益丰富,学习者只需点击鼠标或轻按手机,就能在海量的线上资源中快速找到自己所需的信息与工具。既然如此,对广大并不擅长信息技术的一线教师来说,自制线上导学资源的意义与必要性何在?

（一）针对课堂教学内容,拓展教学维度,增强教学效果

线上的英语学习资源固然丰富,但要找到真正针对某一地区、某个学段、某所学校、某个教材单元教学内容的材料并不容易。此外,相当一部分网络资源的提供者并非权威专家,甚至不是教育从业者,导致线上资源的质量良莠不齐。

要想拓宽学习渠道,积累优质的课程资源,教师应根据自己的教学内容,对现有的网络资源加以筛选、修改与整合,同时要基于具体的学情与教学目标自制导学资源,并把这些优质资源放在学习平台上,方便学生在课堂外自主学习、深入学习,让"线上导学"真正融入课堂教学。

为提升资源的针对性与有效性,教师通常可以从以下几方面自制资源。

1. 针对语言知识,自制线上导学资源

语言能力包括语言技能和语言知识,是构成英语学科核心素养的基础要素。语言技能(包括听、读、看等理解性技能和说、写等表达性技能)的综合发展多发生在线下课堂与教师、同学的实时交流与多回合互动中。学生如果需要在课外提高专项技能,完全可以利用网络上丰富的具有真实性、时效性的听力、阅读资源及口语学习 App 等,所以教师不必针对语言技能自制资源。

而语言知识,尤其是概念性的语音知识、语法知识(包括词法知识和句法知识)往往具有一定的结构与逻辑,可成为教师自制资源的主题。事实上,中国的英语教师基于自己的英语学习与英语教学经验,在对某些语言知识的理解与诠释上,可能比英语母语人士更有优势,能够制作出更适应学情的导学资源,指导学生在课前课后开展自主学习,为进一步提升语言技能、运用语言交际奠定基础。

2. 针对文化知识,自制线上导学资源

普通高中英语课程的总目标是培养具有中国情怀、国际视野和跨文化沟通能力的社会主义建设者和接班人。由此可见,文化意识在英语学科核心素养中占有重要地位,能体现其价值取向。

文化知识是学生在语言学习过程中理解文化内涵、比较文化异同、汲取文化精华、形成文化意识的前提。虽然近年来,学生通过研习教材与综合练习中的语篇能接触不少中外文化知识,教师由于自身素养的提升与文化意识的增强,在日

常教学中也会适时补充文化知识,但总的来说,文化知识的学习具有很大的随机性,学生很难仅通过课堂教学就全面了解中外人文知识与科学知识。

所幸随着社会发展与课程改革,教育者及整个社会对文化越来越重视,网络上出现了很多由英语母语人士及专业人士制作的系列中外文化视频,它们能大大弥补校内教学资源的不足。然而,这些视频往往过度追求尽善尽美,其冗长的集数、烦琐的内容、专业的词汇令中学生望而生畏。另外,这些线上资源的制作者大都不是一线教师或教育从业人员,未能从本国中学生的现状与需求出发,有意识地通过文化知识进行情感态度和价值观的引导和培养。因此,教师有必要参照课程标准对文化知识内容的要求,以培养中学生文化意识为目标,自制文化知识视频,上传到网络平台供学生课外观看,帮助他们拓宽国际视野,理解不同文化。在每段视频的最后,教师还可以布置一些任务,让学生对不同文化进行比较、鉴赏、批判与反思,引导学生形成正确的价值观和道德情感,从而达到丰富课程资源、促进英语学科核心素养发展的目的。

3. 针对教材单元,自制线上导学资源

教材是学生学习最重要的载体。教材单元提供的主题语境,不仅规定了语言知识和文化知识的学习范围,还为语言学习提供了意义语境,同时有机渗透情感态度和价值观。

为充分发挥教材单元的教学价值,教师要制定指向核心素养的各单元整体教学目标,围绕主题语境设计一系列学习理解、应用实践、迁移创新活动,为达成单元目标有序铺垫。在具体的教学实施过程中,教师还要根据学生的实际水平、学习需求和即时反应不断调整教学内容与方法。

每位教师面对的学生都是不同的,各自设定的教材单元目标也不尽相同,因此即便是由最权威的教育专家指导、最优秀的一线教师编制的教材资源,也无法被教师直接运用到自己的教学中。教师只有整合线上资源,根据教学设计与学生实际自制部分教材单元导学资源,并将其有机融入单元教学的各个环节,才能有效达成单元教学目标,充分发挥教材价值,显著提升教学效果。

4. 针对校本课程,自制线上导学资源

普通高中英语课程由必修、选择性必修、选修三类课程组成,以满足高中学生多元发展的需求。其中,选修课程为学生自主选择修习的课程,包括国家设置的提高类、基础类、实用类、拓展类等课程和学校自主开发的校本课程。

校本课程由学校根据学生兴趣和当地经济、文化发展需要及办学特色等开发,供不同水平、不同兴趣、不同需求的学生选修,能充分发掘学生的个性潜能优势,促进学生全面和谐发展。

校本课程开发涉及的步骤包括:分析学生、资源与情境,制定目标,编制课程方案,实施、评价与修订。可以想象,对一门真正以学校为本的校本课程而言,我们很难在网络上找到现成的、与其课程目的和内容匹配的资源,只能依靠本校教师自制资源。校本课程开发是一个有组织、有目的、有计划的行动过程,是一个开发与研究相结合的过程,是一个不断改进的过程,其间最重要的一个环节就是教师自制导学资源并在平台上分享,让校本课程成为必修课程与选择性必修课程的有益补充,拓展课堂教学维度,满足本校学生个性化的发展需求。

(二)衔接线上线下教学,创设问题情境,提升学用能力

现代信息技术的运用突破了课堂教学的时空边界,为英语教学提供了更广阔的空间。然而,仅靠照搬网络资源,很难达到线上与线下教学的真正融合。教师只有整体考虑教学内容,自制部分资源,才能更好地衔接课堂内外的内容,将"线上导学"融入英语课堂教学,促进学生的有效学习和英语学科核心素养的形成。

在自制课前、课中与课后的线上导学资源时,教师应该设置不同的目的与侧重点。

1. 课前线上导学资源

(1)引入主题,激发学习兴趣

以教材单元中的课文理解为例。课前的线上导学资源重在"引",可以采用多模态的图片、动画材料、音频、视频补充背景知识,让学生"有声有色"地进入本课主题语境。课前的导学资源也可以是一项任务,要求学生基于单元主题,借助网络社交平台,进行在线问卷调查,从而对该主题形成更具体、更直观的了解。在线上导学资源的帮助下,学生在课前就能激活自己已知道的和想知道的内容,

对继续学习产生强烈的兴趣,为进一步获取新的知识奠定良好的基础。

（2）导入新知,构建共同基础

由于班级中的学生有不同的学习起点,在传统的课堂教学中,教师往往会照顾基础最薄弱的学生,从零开始上课。不难想象,这样的课堂可能效率低下,还会消磨部分学生对学习的好奇心与激情。

如果学生在课前能从平台上下载教师提前录制的微课或微视频,对课文的生词、基础语法知识等进行自学,那么在线下教学之前,整个班级的学生就都能通过不同的方式达到相对一致的起点（基础好的学生可以选择不看微课、2倍速观看微课或选取片段观看,而基础薄弱的学生可以选择多次观看或0.5倍速观看）。此外,教师还可以在平台上布置基础检测题,评估学生自主学习的效果,或设置引导性问题,启发学生探索与课堂教学有关的一些问题。平台会对学生的基础检测题完成情况进行统计（包括用时、正答率、集中错误等）,或对学生关于引导性问题的回答进行汇总,教师基于这些数据能更好地规划线下课堂教学。

2. 课中线上导学资源

（1）聚焦重点难点,提高教学效率

如上文所述,学生基于课前线上学习有了共同的起点和浓厚的学习兴趣,教师基于课前线上数据统计对学情有了更精准的把握。因此在线下课堂,教师能聚焦"线上导学"中的集中错误等重难点进行教学,教学效率大大提高。

（2）扩大互动范围,促进所学内化

在课堂上的语言实践活动中,教师可以继续利用部分线上导学资源,引导学生在自学的前提下,与同伴进一步合作探究,与教师进行更多有意义的互动。同时,教师可以利用信息技术在线上共享即时成果,如学生个人绘制的思维导图、小组共同完成的项目设计,从而扩大师生、生生互动范围,而这些由学生自己通过意义建构所获得的知识更容易被内化吸收。

（3）创设真实情境,提升学用能力

不同于其他学科,英语是一门语言,其学习必须基于具体的语境。如果教师只是模式化、表层化、碎片化地教授语言知识,学生就无法理解这些知识有何用、何时用、如何用。从这个意义上来说,在课堂上创设真实语境,是保证学生学好语言的重要前提。

事实上,学生基于线上导学资源的课前预习成果(如问卷调查结果、引导性问题回答)本身就是优质的生成性资源,有助于教师在课堂教学中创设真实鲜活的情境。此外,教师还可以利用多模态的线上资源(如动画、视频)来呈现真实的问题和任务,让学生能在线下课堂将所学迁移到新的生活情境中,解决真实的问题。课堂中的线上导学资源聚焦"研",能帮助学生在有限的时间内提升学用能力,实现对语言的深度学习。

3. 课后线上导学资源

信息技术的使用整合了课外的学习时间,不但能使学生有效完成传统教学模式下无法完成的大容量学习活动,还能帮助他们更好地巩固、加深课堂所学,达到良好的教学效果。

教师自制课后线上导学资源时,可以与单元作业相结合,基于学生课前、课中的表现,衔接线上与线下教学,提高教学的针对性与单元的整体性,同时通过归纳总结、反思提高,落实单元教学实效。对学生而言,在课后利用教师制作的视频讲解、难题解析、分层题库等资源,基于自己的学习水平与学习需求进行回放观看、选择学习、深度学习,既能大幅提高对所学知识的巩固率,又能提升自主学习能力和对英语学习的信心。

同时,课后线上导学资源还可以通过"拓",丰富学生对课堂教学内容的认知,推动学生进一步研究该话题,以建构新概念丰富人生阅历和思维方式。

(三) 落实学习策略指导,提高学习效率,培养学习能力

学习能力指学生积极运用和主动调适英语学习策略、拓宽英语学习渠道、努力提升英语学习效率的意识和能力,是英语学科核心素养的发展条件之一。

如果学生能尽早学会选择和使用学习策略,不仅能提高学习效率,还能形成终身学习能力。然而,在传统的教学环境中,很多学生在中学阶段未能形成有效的学习策略,尤其是元认知策略。在学校这个高度结构化的环境中,学生们会按照指示完成并提交相应的学习任务,却往往没有机会使用自己的方式自主学习

（因为教师已经为他们设计好了），也没有时间和空间去反思既往学习的经验（因为他们已经跟着教师的步伐进入下一项任务了）。

有了网络平台，教学的时空拓展了。如果教师能够根据学情自制线上导学资源，并根据不同的学习内容、学习重点与教学环节，在资源中落实对学生学习策略的指导，学生就能利用课堂外的时间和空间，在自主学习中充分尝试各种学习方法，并及时总结经验，最终形成有效的学习策略，发展自主学习的习惯和能力。

此外，教师还可以通过"线上导学"的形式，引导学生利用自评表对自己的阶段学习进行监控、反思与调整，并结合平台上的档案袋、学习成果等过程性数据调整和改进学习方法，从而增强学习策略意识，促进终身学习能力的发展。

（四）促使教师转变角色，更新知识观念，推动专业发展

传统的教学模式下，学生的知识主要源自教材及教师，教师在知识方面的天然优势赋予了他们在课堂中的掌控权。如今，信息技术的发展向教师的权威发起挑战，学生只要想学习，随时可以上网查找知识。所以，教师只有不断更新学科专业知识，提高自身的语言和文化素养，并通过提升信息化能力拓宽获取资源的渠道，才能满足学生新的需求。

此外，许多交互英语学习平台的出现，让教学形式、结构逐渐多样化，也促使教师转变课堂角色——从单一的知识传授者转变为学生学习的指导者、组织者、促进者、帮助者、参与者和合作者，引导学生发展自主学习能力，成为学习的主人。通过自制线上导学资源，教师能在具体的行动研究与教学实践中有目的地改进教学，加深对教与学本质的理解与认识，进而不断提高自身专业化水平，与课程改革同步发展。

自制线上导学资源对教师个人的能力、时间与精力都提出了极高的要求，可能给教师增添额外的负担。为了减轻教师的工作负荷，保证导学资源的质量，建议以教研组或备课组团队形式，集体进行资源规划与制作。例如，某高中英语教研组在制作文化知识系列微视频时就采用了团队协作的方式。大家首先经过讨论，共同制定微视频内容的系统目录与微视频制作的技术要求；接着，青年教师

根据自己的兴趣与特长,认领脚本创作、课件制作、出镜、配音、视频编辑等不同任务,分工协作;在微视频制作的过程中,资深教师需要进行持续、实时的指导;微视频制作完成后,资深教师再进行细致的审核与修改。以团队协作的方式进行线上导学资源建设,能增进教师之间的合作交流,让教师们在互相学习、互助协作的过程中实现团队专业化水平的共同提升。

三、线上导学资源制作的原则

(一) 兼具科学性与趣味性

线上导学资源因其特殊的使用时间与空间、使用主体与目的,在内容上应兼具科学性与趣味性。

课前导学资源以导入新知、激发兴趣为主,所以内容不能因追求科学性而求全、偏难。考虑到学习新知,尤其是在缺乏师生、生生面对面交流的网络平台上自主预习,往往是枯燥乏味的,导学资源应尽量形象化、趣味化。课后导学资源以巩固课堂所学、夯实共同基础为主,但教师也要设置一些拓展性、综合性、挑战性任务,以激发优秀学生的兴趣与好奇心,促使他们在课后继续探究。

无论是课前、课中还是课后的导学资源,内容都要精练。以课前导学资源为例,教师不应该只是照搬教材内容,或将语法知识照本宣科,而要概括性地呈现最基本、最关键的内容,让学生在最短的时间内获得最有价值的知识和信息。如果线上导学资源是微视频或微课,建议时长以5—12分钟为宜;如果是自主学习任务单或导学案,也应尽量控制在20分钟内。

(二) 兼顾针对性与普适性

就内容而言,教师自制线上导学资源主要针对的是特定的知识、策略或课程。即便如此,教师在制作导学资源时,也要考虑资源的适用面与长效性,尽量选择一些具有普适性的内容,并把制作好的资源通过网络平台进行共享,以实现资源利用的最大化,节约教育教学的成本。例如,教师可以基于自己的教学经验,制作与语法知识、学习方法指导有关的线上资源。这些内容不易过时,适用于不同地区、不同水平的学生,也能在教学中重复使用,最大化地体现资源的价值。

就目的而言,如果说课前导学资源面向全体学生,旨在构建共同起点与共同基础,更强调知识与方法的普适性,那么在制作课后导学资源时,教师除了要提供视频、课件、学案资源,便于全体学生巩固课堂所学,还要针对不同的学生需求制作不同的资源。例如:教师可以通过设计差异化作业,让具有不同英语水平、学习目的的学生都能获得进步与成就感;教师可以通过互动平台,与学生进行一对一的交流与沟通,提供个别化的答疑与辅导,完成个性化的评价与反馈;教师还可以通过展示平台,分享学生的作品与学习成果,让学生们互相学习,改进学习方法,不断增强学习动力与信心。

(三) 兼顾规划性与生成性

教师自制线上资源时,要通过全盘规划,弥补网络现存资源的空白或不足,从而建立起一个比较完整的、系统化的教学资源库。所有资源之间要形成一定的类别与层级,具有清晰的逻辑关系,能基本涵盖不同的教学内容与环节。

以教材单元线上导学案为例。导学案应涵盖整个教材单元的教学内容,并围绕单元主题与单元总目标,以序列化的作业、活动、任务的形式呈现。在设计导学案时,除了体现单元的整体性,教师还要考虑各课时内容之间的关联性、递进性,以及每节课课前、课中、课后的衔接。

在整体规划导学案的同时,教师也要为生成性资源留出一些空间。生成性资源是指学生经过学习完成的具有示范性、创新性和借鉴性的成果。这些成果被展示在线上平台,能对学生产生激励作用。由于生成性资源源自学生群体,贴近学生的知识水平、日常生活与认知心理,较之抽象的学术资源,更容易被学生接受,因此它们在后续课堂教学、导学案中的出现,能增加资源的丰富性、趣味性、动态性与有效性。

以某高中英语教研组集体制作的核心素养系列微视频为例。在确保教师能力允许、内容适合以视频形式呈现的前提下,该系列微视频力图涵盖英语学科核心素养的四个维度:语言能力(以语法知识为主)、文化意识(以文化知识为主,如英美文化、中华优秀传统文化、跨文化沟通与交际知识)、思维品质和学习能力(以学习策略为主)。该英语教研组制定的核心素养系列微视频制作计划如表4-1所示。

表 4－1　核心素养系列微视频制作计划

所属板块	具体内容	制作人	时长	备注
语法知识	时态语态:时态(上)(下)			
	谓语动词时态语态:语态			
	定语从句(上)(下)			
	状语从句(上)(下)			
	名词性从句(上)(下)			
	非谓语:概述			
	非谓语:动名词			
	非谓语:分词			
	非谓语:不定式			
	强调句			
	部分倒装			
	完全倒装			
文化知识	英国概况:地理、生活			
	英国概况:教育、媒体			
	英国概况:政治、历史			
	美国概况:地理、生活			
	美国概况:教育、媒体			
	美国概况:政治、历史			
	英美主要传统节日			
	中华优秀传统文化:中国传统节日			
	中华优秀传统文化:京剧			
	中华优秀传统文化:文学			
	中华优秀传统文化:国画			
	中华优秀传统文化:园林			
	中华优秀传统文化:武术			
	中华优秀传统文化:饮食			
	跨文化沟通与交际			

（续表）

所属板块	具体内容	制作人	时长	备注
思维品质与学习策略	中英文思维方式差异			
	初高中英语学习方法比较			
	手机 App 学英语			
	词汇学习方法			
	英语演讲技巧			
	听说测试解题技巧			
	语法解题技巧			
	阅读:完形填空解题技巧			
	阅读:科普类阅读解题技巧			
	翻译:四字成语的翻译			
	思维导图在写作中的运用			

然而,教研组的教师们在教学中观察到,很多优秀学生有自己的英语学习方法,虽与教师规划的系列微视频的"学习策略"板块角度不尽相同,却也有其独特的价值。于是,通过在学生中征集稿件与线上投票,最终有数十篇介绍英语学习经验的文章登上教研组的英语学习公众号,与广大学生见面。

之后,在学校英语学科活动中脱颖而出的优秀学生作品,如英语演讲比赛视频、英语经典读物推荐视频,都被收录到核心素养系列微视频中。事实证明,这些由学生自己感悟、建构、总结、生成的学习资源对其他学生有很大的启示,是线上导学资源库中宝贵的新鲜血液。

（四）力求多样性与多功能

按照呈现形式,线上导学资源可以分为静态资源(包括文档、PPT、图片、图表)与动态资源(包括动画、视频、微课);按照内容特点,线上导学资源又可以分为知识性资源、任务性资源等多种类型。教师要根据自己的教学目标制作多样化的线上资源,以满足"导学"的要求。

以某高中基于教材单元主题、聚焦语用与思辨的特色课程"英语思维广场"

为例。课前,教师在线上发布与教材单元主题有关的任务单,提供三种任务供学生自主选择。任务单中不仅对 Round-table discussion、Group project 和 Speech 三种任务进行了具体描述,即"是什么"(任务性资源),还为如何完成该任务,即"怎么做"提供了指导性意见(指导性资源)。为让学生在课堂展示之前更好地准备任务,教师还在平台上发布了课外阅读材料、补充视频资源链接(拓展性资源)。课堂上,学生通过在互动平台投票评选出最佳表现个人/小组;课后,每位学生将自己参与的任务整理成文字,然后上传到平台,供教师评价,供同伴学习(过程性资源、生成性资源)。

再以定语从句教学为例。课前,教师为学生准备的线上导学资源包括教研组自制的讲解定语从句基本概念与基本用法的微视频(知识性资源),以及 20 道与微视频配套的基础选择题与填空题(检测性资源)。通过观看微视频、完成基础题,学生对定语从句知识有了基本的了解,为课堂上的应用实践类活动做好了充分的准备,而教师也能通过平台提供的数据,更精准地把握课堂教学重难点,更高效地推进课堂教学。

第三节 分 类 整 合

一、线上导学资源的分类

(一) 根据资源的表现形式分

(1) 多媒体素材是多媒体课件的基本组成元素,是承载教学信息的基本单位,包括文本、图形、图像、动画、视频、音频等。

(2) 试卷是用于进行多种类型测试的典型成套试题。

(3) 教学课件是围绕一个或几个教学知识点,体现教学策略,实施相对完整教学的软件。课件分为单机版和网络版两种,单机版课件可通过网络下载后在本地计算机上运行,网络版课件应在标准浏览器中运行,且能通过网络共享。

(4) 教学案例是对教学过程中产生的典型事例进行描述,能给读者带来一定的启示和体会。

（5）文献资料通常包括与各学科相关的学术期刊论文、调查研究报告、作品专著、政策法规文件等。

（6）网络课程是按照一定的教学目标和教学策略组织起来,通过多媒体呈现的运行在网络环境下的某门课程的教学内容及实施的教学活动。

（7）常见问题解答是某一学科教学中最常出现的问题及其解答。

（8）资源目录索引是某一学科中相关的网络资源地址链接列表和非网络资源的索引。

（二）根据资源的功能分

根据资源的功能,可以将其简单地分为听、说、读、写四大类,亦可以细分为语音、词汇、词法、句法、语篇、语用、话题七大类。其中,词法是语法的组成部分,是各类词的形式及其用法的规律,可以再细分为名词、代词、形容词、副词、数词、动词(时态、语态、非谓语)、冠词、介词、连词(包含相关词组)等各小类。

（三）根据资源的内容特点分

（1）知识性资源是指为完成相关任务,必须首先理解和掌握的有关知识、原理等方面的资源。

（2）指导性资源是指为指导学生如何学、如何理解有关知识和原理而开发的关于学习方法、步骤、策略方面的资源,包括导学说明、参考案例等。

（3）任务性资源是指为在每个教学单元中要求学生完成有关工作任务而设计的任务单方面的资源。

（4）评价性资源是指用来检测学生学习后对有关知识理解掌握情况的资源,包括作业、测试题等。

（5）生成性资源是指学生经过学习完成的具有示范性、创新性和借鉴性的成果作品方面的资源,包括作品展示、成果展示等。

二、线上导学资源整合的意义

所谓线上导学资源整合,就是教师以信息化教学设计与实践为主线,把自制的或网上公开的优质教学资源与线下教学的各种相关资源进行优化组合,让学生在学习活动中经历学习、体验、实践、反思,加深对信息技术与课程整合的认识与体会,同时强调学生参与教学活动、评价活动,强调合作学习及学生独立思考与自我反思的能力,为学生线下自主学习提供更好的、直接的、有用的资源。

（一）集中优质资源,提升教学效果

线上资源整合,能够发挥各种资源的优势,为线下学习服务。线上资源千姿百态,品种繁多,有效地进行线上资源整合,能够使线上的优质资源为学生和教师所用,有利于教师更好地进行线下课堂教学,有助于学生更好地发挥自主学习能力,从而提高学习效率。

（二）促进教师专业成长

线上资源整合,可以促进教师的专业成长。教师在教学过程中需要充分研究教材内容、学情和教育教学规律。线上资源整合的过程需要教师去发现和总结运用信息技术的规律,锻炼自学能力,从而促进自身的专业成长。

三、线上导学资源整合的原则

（一）系统性原则

系统性原则也称为整体性原则,即把线上教学资源视为一个系统,以线上资源系统的优化整合为准绳,协调系统中各分单元线上资源相互之间的关系,使系统趋于完整、平衡。因此,在整合线上资源时,应该将各单元线上资源的特性放到大系统整体中去权衡,以整体系统的线上资源来协调各单元线上资源的目标。

（二）针对性原则

1. 针对教学目标

整合线上资源,要根据不同的教学目标来进行。教师可以针对本节课或本单元的教学内容和学生情况制定相应的教学目标,然后根据教学目标来选用线上资源,分析这些资源的特点,再进行优化整合。

2. 针对教学环节与内容

教学环节不同,选用的线上资源也各不相同。导入环节时,需要内容浅显、有趣活泼的线上资源,激发学生的学习兴趣。讲解单词时,需要结合单词的音形义;通过显示音频,让学生模仿朗读;通过创设情境,让学生更好地理解单词的含义;通过设计相应的单词练习,让学生学会如何正确使用单词。讲解阅读材料时,需要展示材料的背景知识,激活学生已有的知识,这样才有利于学生更好地理解阅读材料。

总之,针对不同的教学环节与内容,教师需要采用不同的线上资源整合方式,拓展线下教学。

3. 针对学生的学习水平

学生所处年级不同,学习的难度不一样。即使是相同的知识点,在不同年级的要求也不一样。整合线上导学资源时,教师要考虑针对不同学生的学情进行适当的改编,如要考虑学生原有的学习水平、学习方法、学习习惯、学习兴趣、学习成绩等。尽管线上导学资源有一定的模式和内容,但这些内容可以是分层级的组合,能适应不同类型的学生。

教师要分析学情,确定学生需要掌握哪些知识、具备哪些生活经验,然后分析学生是否具备这些知识与经验。分析学情,可以通过单元测验、摸底考查、问卷调查等较为正式的方式,也可以采取抽查或提问等非正式的方式。如果发现学生知识或经验不足,一方面可以采取必要的补救措施,另一方面可以适当调整线上导学资源的难度和呈现方式。

4. 针对学生的学习风格

不同年龄段的学生具有不同的表现特征,对线上资源类型的接受程度也不一样。低年级学生更喜欢视频、音频、图片类线上资源,且单个内容的时长不宜超过 5 分钟。高年级学生更接受文本类线上资源,注意力的持久性更长一些。

学生学习风格不一,学习表现也不同,一般有场独立型和场依存型两类学生。场独立型学生偏好独立学习,自主探究。场依存型学生依赖于教师讲授,通过导师带教学习,且乐于和其他学生交流、沟通、探讨,合作学习。

教师要具体分析学生是长于形象思维还是抽象思维,是乐于交流还是羞涩保守,是喜欢合作学习还是自主学习等,从而设计整合不同的线上资源。同时,教师还要考虑到每个学生感兴趣的话题不同,一方面要尽量结合学生的兴趣整合线上导学资源,另一方面要适当引导,不能一味迁就学生的不良兴趣。

总之,教师在整合线上导学资源时要有针对性,既能让学生易于接受,又要考虑到不同学生的个性化需求。

(三) 启发性原则

启发性原则是指教师在教学中要承认学生是学习的主体,注意调动他们学

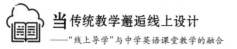
习的主动性,引导他们独立思考,积极探索,生动活泼地学习,自觉掌握科学知识,提高分析问题和解决问题的能力。

线上导学资源需要学生自主完成,具有极强的导学功能。教师在整合时必须注意设计的内容和方式要具有一定的趣味性和启发性,突出教学的重点,化解难点,接近学生的最近发展区,让学生获得成功的体验。

例如,英语学习包含大量的口语训练,如果准备的口语片段难度过大或图片内容不准确,就容易难倒或误导学生。整合的任何音频、视频和图片都要准确地反映该节课的重难点。因此,整合线上导学资源时,教师要考虑学生的接受能力,启发学生自主地举一反三,达到预设的教学目的。

(四)实效性原则

在整合线上导学资源时,教师要立足实际,认真地理解、分析、研究线上资源中音频、视频、动画、图片、文字等每一种资源的特点和作用,将各种资源的应用手段和方法整合起来,以方便应用,取得实效。例如,英语学习的特点之一体现在交际功能,对于音频的使用率尤其高,如果加上相关话题的图片,对英语的教与学将有很大的意义。

在整合线上资源时,教师要考虑以下六个问题。(1)注重线上导入资源的质量和模式,培养学生的自学能力,关注细节和过程。(2)提前预习线上教学内容,上课检查,提高课堂效率。(3)不定期地抽查学生的线上导学学习情况,督促学生跟上教学进度。(4)加强个性化辅导,保证提优补差,让每个学生都能取得进步。(5)关注基础知识的训练。对基础知识的考查要做到既全面又突出重点,特别要利用在知识交汇点的命题,考查学生对基础知识灵活运用的程度。对基础知识的教学一定要在深刻理解和灵活应用上下功夫,以达到让学生在综合题中能迅速准确地认识、判断和应用的目的。(6)要重视对教材的研究,理解教材中的典型语篇和要点,深刻理解其在解决英语问题时所体现的思维方法。

整合线上资源的目的是优化教学结构,提高教学效率。教师要根据教学目标选用、整合线上导学资源,使之适合学生的心理特点和认知特点,有利于学生讨论、质疑、探究,落实教学的实效性。

四、线上导学资源整合的维度

(一) 按照主题语境整合

主题为语言学习提供范围或语境,在初中阶段又被称为话题。话题是日常生活中各种事件的集合和分类。在听、说、读、写的实践活动中,以话题为载体,能巩固语言知识,丰富话题知识,深化学生对话题的认识。高中英语课程主题语境包括"人与自我""人与社会"和"人与自然",而初中英语学习主要围绕"人与社会"和"人与自然"的话题展开。

《上海市初中英语学科教学基本要求(试验本)》指出,围绕不同的话题,我们可以将线上资源分为人与社会类和人与自然类,前者包括历史与社会、文学艺术、大众传媒、娱乐与运动、公共场所、社会交往、工作与就业、城市与国家、社会服务、安全与急救、变化与发展、名人、文化与习俗、个人信息、兴趣爱好、社会关系、学校生活、假日与节日、旅游,后者包括地球与太空、科学技术、植物与动物、环境保护、卫生与健康、资源与能源、人与物的特征、饮食。

一般而言,各类线上资源都可以归到某一个话题之下。同一个话题可以有不同的呈现形式,这些都可以作为关键词出现在线上资源的名称索引里,便于检索。

此外,不同的主题有不同的整合方式,隶属于不同主题的线上资源还可以通过以下方式进行整合:(1)并列式整合指的是对不同的教学内容进行有侧重点的整合;(2)渐进式整合指的是对相同的主题在不同年级阶段不断进行深化整合;(3)串联式整合指的是循环往复式的整合,即根据学生的反馈,把两个或两个以上的主题串联在一起,再进行不同的深化。

(二) 按照教学环节整合

通常来说,英语课堂教学的环节有热身准备(Preparation,有趣的热身是课堂教学开始的必要准备)、新知呈现(Presentation,有效的呈现是课堂教学实施的基本前提)、语言训练(Practice,充分的操练是课堂教学落实的重要保障)、巩固运用(Production,恰当的语言任务实践是课堂教学输出的有效检测)等。每个环节均需要线上资源的支持(丰富其内容,增加其容量,加快其节奏),这样教师才能突破教学重难点,有效达成既定的教学目标。

1. 整合课堂导入资源和情境体验资源

线上导学资源包括海量的具有趣味性、针对性和实用性的各种话题导入信息。有了这些数字信息,教师无须再用枯燥乏味的话语或文字来导入,只需对生动形象的图片、动画素材和视频片段进行有目的的选用、裁切或重组,就能创造出绝佳的课堂导入数字材料,使学生"有声有色"地进入本课情境。

2. 整合教学重难点资源

从现代教育理念出发,教师应该使用多种教具和媒体,通过巧设疑问、适度点拨、组织讨论等多种形式来突破教学重难点,从而体现学生在教学过程中的参与合作甚至探究创新。线上导学资源中的教案范例和示范课例(包括课堂实录和课后点评)等能为教师提供突破教学重难点的丰富资源。

3. 整合学生活动资源

课堂训练、讨论与展示活动和课外拓展都是学生学习的重要环节,是学生学习活动的重要资源,丰富的线上资源为这一环节的开展带来了无限活力。

（三）按照语言知识整合

新版《课程标准》指出,英语语言知识涵盖语音知识、词汇知识、语法知识、语篇知识和语用知识,是构成英语语言能力的重要基础。我们可以按照语言知识,将线上导学资源进行分类整合,便于教师教授或学生学习某一类语言知识时有效检索和提取使用。

1. 语音知识

语音包括重音、语调、节奏、停顿、连读、爆破、同化等。说话者通过语音的变化表达意义和观点,反映其态度、意图、情感等。

2. 词汇知识

词汇又称语汇,是一种语言中所有词和词组的总和。学习词汇不只是记忆词的音、形、义,更重要的是在语篇中通过听、说、读、看、写等语言活动,理解和表达与各种主题相关的信息或观点。

3. 语法知识(词法知识、句法知识)

英语语法知识包括词法知识和句法知识:词法关注词的形态变化,如名词的数、格,动词的时、态(体)等;句法关注句子结构,如句子的成分、语序、种类等。

4. 语篇知识

语篇知识是关于语篇是如何构成、如何表达意义,以及人们在交流过程中如何使用语篇的知识。语篇中各要素之间存在复杂的关系,如句与句、段与段、标题与正文、文字与图表之间的关系。这些关系涉及语篇的微观和宏观组织结构。句子内部的语法结构、词语搭配、指代关系、句子的信息展开方式等,属于语篇的微观组织结构。语篇中段与段的关系以及语篇各部分与语篇主题之间的关系,则属于语篇的宏观组织结构。语篇宏观组织结构还包括语篇类型、语篇格式等。

5. 语用知识

语用知识指在特定语境中准确理解他人和得体表达自己的知识。掌握一定的语用知识有助于学生根据交际目的、交际场合的正式程度、参与人的身份和角色,选择正式或非正式、直接或委婉、口头或书面语等语言形式,得体且恰当地与他人沟通和交流,达到交际的目的。

6. 文化知识

文化知识包含中外文化知识,是学生在语言学习活动中理解文化内涵、比较文化异同、汲取文化精华、坚定文化自信的基础。文化知识涵盖物质和精神两个方面。物质方面主要包括饮食、服饰、建筑、交通等,以及相关的发明与创造;精神方面主要包括哲学、科学、教育、历史、文学、艺术,也包括价值观念、道德修养、审美情趣、社会规约和风俗习惯等。

(四) 按照语言技能整合

语言技能是语言运用能力的重要组成部分。语言技能包括听、说、读、看、写等方面的技能。听、读、看是理解性技能,说和写是表达性技能。这两种技能在语言学习过程中相辅相成,相互促进。学生应通过大量的专项和综合性语言实践活动发展语言技能,为真实语言交际打好基础。

我们可以将输入性的语言技能,即与听、读、看相关的线上资源按水平分级整合,将输出性的语言技能,即与说、写相关的线上资源按主题整合,形成资源包,供教师教学和学生学习时进行检索和提取使用。

第四节　匹　配　推　送

一、线上导学资源与学生需求的匹配理论

（一）匹配理论的起源与迁移

1. 起源

匹配理论原本是指商品效用属性与顾客效用需求的匹配程度,商品效用属性与顾客效用需求越重叠,匹配程度就越高,商品就越受欢迎,顾客也就越满意或满足。

2. 迁移

同理,要把合适的线上导学资源推送给合适的学生,就要使线上资源的教育教学价值与学生的学习需求达到最优匹配,让学生可以按照自己的意愿找到合适的线上资源,线上资源也可以根据自己的有效属性特征找到合适的学生。

所以,匹配推送线上导学资源应该建立在学生属性与线上资源特征相匹配的基础上,教师应收集并分析学情,同时对线上资源的特征信息进行分类,建立匹配关系和关联规则。简言之,就是通过学情和线上资源的特征信息关键词检索匹配的线上资源和学情,实现基于匹配关系的线上资源主动推送服务。

而且,在实施匹配推送服务的过程中,要坚持以学生个性化需求为导向的原则,这样才能促使学生不断产生对个性化线上资源的渴求,同时也能激励线上资源创建者不断开发和创建令学生满意的优质的个性化线上资源,提升线上资源的质量。

（二）匹配理论下的双向选择

在匹配理论的指导下,线上导学资源推送不仅实现了"我能提供什么,学生能接受什么",还实现了"学生需要什么,我提供什么",使推送更精准,更有针对性。

因此,线上导学资源的匹配推送需要从学生和线上资源两个方面入手。

1. 学生层面

为了实现"学生能接受什么"和"学生需要什么",我们需要通过分析学情,

了解学生的个体特征、学习倾向、媒体偏好、学习目标、学习准备、认知风格、信息加工方式、学习坚持度及学习情境等特征信息,判断不同学生的特定学习需求。同时,可以将学习特征相似、兴趣相投、偏好一致的学生聚合、归类,形成群体学生,分析其学习需求,并为这类学生选取合适的线上资源。

2. 资源层面

在实现"我能提供什么"和"我提供什么"的过程中,系统需要对线上资源的类型、呈现方式、学习目标、学习时间和难易程度等特征信息进行分析,并确定线上资源所对应的学情。

还可以将具有相近特征、高关联度的线上资源聚合、归类,形成线上资源群,并为该资源群匹配对应的学情。

3. 双向选择

系统对学生特征和线上资源特征进行分析,把合适的线上资源推送给合适的群体学生或单一学生,或为特定的学生选取合适的资源群或单一资源,这就是"资源选学生"和"学生选资源"的双向选择。

在此过程中,学生和线上资源的特征信息也将不断随着学生和资源信息的变更实时更新,系统通过分析该过程中产生的数据,准确定位学生独特的学习需求,有效挖掘优质的个性化线上资源,促使资源自我调整、自我更新,提升匹配度,更好地为学生服务。

二、学情的收集与分析

如前文所述,线上导学资源的匹配推送主要建立在学生属性与线上资源特征相匹配的基础上。那么,如何定义、收集和分析学生的属性信息呢?

(一) 学情信息收集

1. 个人信息

学生的个人信息是静止不变的,比如学号、姓名、性别等。将这类信息录入系统,主要是为了便于对学生进行区分、辨认和定位。在学生使用该系统之初,教师就可以要求学生输入这些基本信息,同时将学生按照年级和班级编组,形成群体学生。

2. 学习信息

学生的学习信息在一段特定时期内是相对静止的,包括所在年级、所在班级、当前学习的课程、当前学习的章名称、当前学习的节名称、当前学习的知识点名称等。对这些信息进行分类和组织,有利于系统分析学生的知识水平和知识结构,掌握学生的学习进程,推断学生的学习需求,从而提高匹配度,提升线上资源推送的精准度。对于所在年级、所在班级这类信息,教师可以设定每年自动晋级一次。对于特定学生,教师可以个别处理。对于当前学习的课程、章、节、知识点等信息,教师则可以按照教学计划和教学进度批量处理。

3. 特征信息

还有一些信息是学生独有的特征信息,比如媒体偏好、认知风格、学习坚持度、信息加工方式、知识领域偏好、学习目标、学习准备等。对这些信息进行收集与分析,主要是为了便于掌握学生的学习风格和认知偏好,从而匹配更合适、更精准的线上资源。对于偏好、风格、坚持度等信息,教师可以让学生在使用系统之初进行简短的自我评价和自我设定,并在后期由系统根据学生的使用情况、使用频率、检索内容等信息不断调整或修正。关于学习目标、学习准备等与学习有关的信息,则由系统根据学生键入的关键词进行分析和归类。

(二) 特征信息分析

1. 媒体偏好

媒体是指传播信息的载体。根据目前主流的媒体形式,我们将学生的媒体偏好分为视频、音频、图片和文本四大类。系统可以根据学生的媒体偏好,优先匹配其偏爱的媒体形式进行推送。

2. 学习目标

根据布鲁姆的分类方法,可以将学习目标分为知道、理解、运用、综合、分析和评价六个层次(何克抗等,2009)。学生的层次或学习目标不同,其获取的线上导学资源也不同。

3. 学习积极性

学生的学习积极性分为一般、较强和强三个不同的阶段。学习积极性强的学生适合难度高、挑战大的知识,学习积极性一般的学生则适合注重基础、难度一般的线上资源或学习目标为前两个层次(知道、理解)的线上资源。

4. 认知风格

根据美国心理学家赫尔曼·威特金(Herman Witkin)的分类方法,可以将认知风格分为两种:能够依赖于自己的固有知识独立对事物作出反应的认知风格称为场独立性,将自己对外来知识的认知和定义建立在自己所处的周围外界环境上的认知风格称为场依存性(程正方,2009)。场依存型学生倾向于结构化的知识,常常积极地向教师和同学求助,喜欢教师提供的教学大纲、思维导图等资源。场独立型学生倾向于非结构化的知识,喜欢自己制定学习计划、整理学习思路等,不畏难,不认为学习时间越长学习效果越好。

5. 学习坚持度

学生的学习效果还与其自主学习的坚持度相关。坚持度较高的学生比较有耐心,而且具有一定的探索精神,喜欢挑战难度较高的学习内容和目标,能够自我约束和自我监督,坚持完成学习任务。坚持度较低的学生学习自觉性不够,需要外界的协助和督促,更倾向于难度较小、简洁易懂的线上资源。

(三) 学生群体分析与聚类

依据学生的特征信息,对特征相似的学生进行聚合,这些学生可称为群体学生。再根据该群体学生的聚合特征,对线上导学资源信息进行分析,选择匹配度较高的资源,推送给该群体学生,形成"群体学生选资源"。

类似地,对于个体学生,可根据其突出的特征信息与偏好,对线上资源信息进行分析,选择匹配度较高且满足其偏好的线上资源,形成"单一学生选资源"。

三、线上导学资源的信息设置与组织

那么,如何通过线上导学资源的特征信息来组织线上资源呢?

(一) 线上资源的信息设置

对线上资源进行特征信息分析,为每一线上资源贴上独有的特征标签,包括基本信息、媒体类别、资源类别、学习目标、难易程度、学习时间和呈现形式。

1. 基本信息

线上资源的基本信息包括资源编号、学科、教材、年级、章、节、知识点编号和名称、前序知识点和后继知识点。

为资源和知识点编号,便于教师定位该资源或该知识点。学科、教材、年级、章、节则有助于进行关键词查询。前序知识点和后继知识点设置有利于系统依据学生当前所学知识点,分析之前所学的知识和后期将学的知识,确定学生的知

识水平,预测学生的学习需求。

2. 知识点信息分类

知识点资源的教学目标与学生的学习目标对应,分为知道、理解、运用、综合、分析和评价六个等级。

知识点的难易度分成易、中、难三个等级。而知识点的学习时间主要分为 6 分钟以下、6—12 分钟和 12—20 分钟。不同的难易度分别对应不同的学习时间。

知识点的呈现形式分成讲授型和发掘型:讲授型是指以讲授方式为主,对知识点进行讲解和传授,主要以理论性知识点为主;而发掘型是指引发学生主动探索或与同学合作获取知识或技能,主要以实践性知识点为主。

(二)线上资源的组织

线上资源的编排必须采用统一的方法和标准,具有合理的结构和清晰的内容,既方便学生检索和获取适合自己的资源,也方便提供者和管理员提供和管理线上资源。

目前,线上资源的组织方法主要有元素法、领域法和主题组织法(陈书华,2005)。

1. 元素法

元素法是指根据信息元素对信息进行描述,但因为该方法要描述的信息元素太多,难以形成一个统一的标准。

2. 领域法

领域法通常以学科领域或专业领域信息为界进行树形结构分类,该方法目前应用较广,但容易忽略知识点之间的序列关系。

3. 主题组织法

主题组织法是根据信息的关键词来描述资源信息,但在根据关键词检索资源时,由于关键词可能比较集中,出现的资源过多,学生难以正确取舍。

因此,我们主要通过紧扣知识点来设计线上导学资源的组织形式。把与某一知识点相关的资源归属于同一个结构,该结构中的资源既可以包括该知识点本身的不同类型资源,如视频、音频、文本或图片等,也可以包括与该知识点相关的其他知识点资源信息。学生可以根据自己的媒体偏好、认知风格和知识基础选择合适的资源类型。

（三）线上资源的分析与聚类

根据不同资源的基本特征和信息,可以对前后关联度较高的资源进行聚合,增加不同的基本特征和信息条件,使符合条件的资源逐渐减少。满足某一系列条件的相似资源被称为资源群。根据资源群的特征,分析学生特征,选择匹配度高的学生个体进行推送,我们称这一过程为"资源群选学生"。同样地,根据某一个体资源特征,筛选出与该个体资源匹配度较高的学生进行推送,我们称这一过程为"个体资源选学生"。

四、线上导学资源分析与匹配模式

在线上资源与学情的匹配推送中,分析与匹配模式主要是指通过对学生信息与线上资源信息进行汇总分析,设定二者内在的关联规则,先根据这种内在规则在学生与线上资源之间建立起匹配关系,再根据这种匹配关系形成推送机制,将高度匹配的线上资源推送给最需要的学生。

（一）学情与线上资源特征信息的关联

1. 媒体偏好与信息处理方式

在分析学生特征的过程中,我们发现学生对媒体的偏好和信息处理方式有着密切的联系。具体型信息处理方式的学生更倾向于视频类或图片类线上资源,而抽象型信息处理方式的学生更倾向于文本类或音频类线上资源。

2. 学习目标与学习积极性、学习坚持度

学生的学习目标和学习积极性、学习坚持度有着很重要的关系。根据布鲁姆的教育目标分类法,学习目标较高的学生属于分析、运用或综合型学习者,学习积极性、学习坚持度都很高,能够基于自己学过的既得知识,正确、积极、独立地回应知识点内容,坚持不懈地达成学习目标。反之,学习目标不高的学生是仅限于知道、理解层面的学习者,学习积极性、学习坚持度都不太高。

3. 认知风格与学习坚持度

此外,学生的认知风格与学习坚持度也是密切相关的。场独立型认知风格的学生学习坚持度比较高,能够独立坚持完成学习任务,而场依存型认知风格的学生会更多地依赖于同伴和教师,学习坚持度相对较低。

4. 知识呈现方式与媒体类型

知识呈现方式与媒体类型也存在关联。一般来说,理论性较强或定义型的知识多以文本或音频形式呈现,适合解说型呈现方式;而适合自我探究的主动习得性资源类型比较宽泛,适合主动型呈现方式。

(二) 学情与线上资源特征信息的匹配

1. 知识点内容名称

学生当前所学知识点内容名称应当与线上资源知识点内容名称、前序知识点和后继知识点内容有一定的关联性。系统可以根据学生当前所学知识点推测出学生的知识结构,预测其即将学习的知识点内容,然后完成主动推送服务。

2. 媒体偏好与信息处理方式

偏好视频类或图片类资源的具体型信息处理方式的学生,往往需要知识地图和教学视频等类型的线上资源;而偏好文字类或音频类的抽象型信息处理方式的学生,则需要导学案、电子教案、教学音频或拓展型知识等类型的线上资源。

3. 认知风格与知识呈现方式

具有自主探究偏好、喜欢自己制定学习计划的场独立型认知风格的学生偏好以主动型方式呈现的知识,而喜欢教学大纲、知识地图、导学案的场依存型认知风格的学生更喜欢以解说型方式呈现的知识。

4. 学习积极性、学习坚持度、知识难易度与学习时长

对于学习积极性和学习坚持度较高的学生,可以推送教学目标较高、学习时长在12—20分钟的线上资源;而对于学习积极性和学习坚持度较低的学生,可以推送教学目标较基础、学习时长在6分钟以内的线上资源。

(三) 分析与匹配模式

分析与匹配模式可以分为两种类型。一方面,系统可以根据个体学生的特征推送合适的线上资源;另一方面,系统可以根据某些特定的学生群体特征向学生群推送合适的线上资源,即"学生群选资源"。同样地,一方面,系统可以根据个体线上资源的特征,将资源推送给合适的学生;另一方面,系统可以对特征相近的线上资源进行聚合归类,形成资源群,并选择合适的学生完成推送,即"资源群选学生"。

五、线上导学资源推送模式

目前,根据不同的推送方式和推送依据,资源推送模式可分为基于内容的主动推送、基于协同过滤的主动推送以及混合式的主动推送三种。

(一) 基于内容推送

基于内容的主动推送的实质是根据学生的行为信息与喜好记录抽取特征信息建立学生模型,同时根据线上导学资源的内容抽取资源特征构建资源模型,然后通过分析学生与资源的特征模型,比较、计算二者的相似度,并基于这种相似度实现资源的主动推送服务。这个过程类似于电子商务网站根据用户的购买记录推送相似的商品,或根据用户之前浏览的内容推送相似的网页。基于内容的主动推送主要被应用于推送文本内容。

在基于内容的主动推送中,系统依据学生输入的关键词内容来发掘学生的兴趣,构建学生的兴趣特征模型。其实质是利用搜索引擎记录学生的每一次搜索行为,分析学生的搜索记录,构建基于语义内容或关键词的学生特征模型,并根据该模型中的关键词向学生推送匹配度较高的线上资源。

(二) 基于协同过滤推送

基于协同过滤的主动推送主要是依据不同学生、线上资源的相似性和关联度来实现的,即通过判断学生之间、线上资源之间信息的相似性以及根据相似学生群的行为信息,计算出资源间的关联度。这种方法可以共用其他学生的行为数据,推送的准确率(尤其是图片、音频、视频等非文本数据推送的准确率)大大提高。

在基于学生相似性的协同过滤式主动推送中,系统按不同兴趣偏好对学生进行分类。比如通过分析两个学生的浏览记录,发现两人兴趣相似,系统便可以将他们归为一类人群。又如学生甲和学生乙都浏览了线上资源 A,我们虽然不知道他们偏爱线上资源 A 的具体什么特征,但可以推测出甲和乙偏好相似,根据二者之间的相似性特征,我们就可以将学生甲曾经浏览过的线上资源 B 推荐给学生乙。基于资源关联度的协同过滤式推送主要依据资源之间的相似性和关联度来实现。

线上资源除了按章、节、知识点名称来分类,还可以按资源之间的关联度来

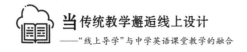

分类。比如,假设浏览了资源 A 的学生经常浏览资源 B,说明这两个资源之间的关联度很高。如果浏览了资源 A 的学生从来不浏览资源 B,浏览了资源 B 的学生从来不浏览资源 A,说明这两个资源的关联度较低。当资源之间的关联度较高时,教师便可以采用这种基于资源关联度的主动推送。

（三）混合式推送

混合式主动推送主要根据学生之间的相似性、线上资源的特征信息以及线上资源之间的关联度,利用"群体智慧"来实现。比如,假设很多浏览了资源 A 的学生几乎都会浏览资源 B,说明资源 A 和 B 之间存在一定的关联度,那么就可以将资源 B 推送给浏览了资源 A 的学生丙。如果学生甲和学生乙都曾经浏览过资源 A 和 B,那么学生甲、乙、丙就是相似学生,可以根据甲或乙的浏览记录将他们浏览过的其他资源推送给学生丙。混合式主动推送通过比较不同学生、线上资源的相似性,分析资源间的关联度来实施协同推送,具有基于内容和协同过滤两种推送方式的优势,推送效果较好。

混合式推送过程分为信息收集和信息推送两个步骤。在第二个阶段,系统先分析项目信息,获取学生信息后再对比分析所有的学生信息,得到学生群的相似特征,最后根据这种相似特征,向学生群完成推送。混合式推送方式既结合了前两种推送方式的优点,又弥补了前两种推送方式的局限性,是当前主流的资源推送方式。

第五章

"线上导学"与中学英语课堂
教学融合的教学实践

第一节　教学实践成效

2020 年 2 月,在疫情防控期间,上海市教委提出了"停课不停学"的要求,各级各类学校纷纷开展线上教学活动。而在复课之后,线上教学与线下教学融合的教学模式慢慢成为学校在教育改革浪潮中探索研究的重要内容与实践的重点方向。

互联网技术的发展、移动终端设备的普及和第三方英语学习类应用程序的大量涌现为中学生的英语学习提供了助力。作为教师,我们应积极关注现代信息技术在英语教学应用领域中的进步与发展,为学生搭建自主学习平台,帮学生拓宽学习渠道。在英语课堂教学中,生活化教学情境与信息技术的有效结合能调动学生学习的积极性,而将这一理念延续到线下的课堂中,同样能丰富课堂活动的组织,增强学生的英语综合实践能力(杜晓荣,2018)。

通过一线教师的教学实践,我们发现深化信息技术与英语课程的融合能有效提高学生的英语学习水平,主要体现在促进学生语言能力、学习能力的发展及改变学生对英语学习的情感态度等方面。

一、语言能力发展成效分析

新版《课程标准》对于语言能力的定义是"在社会情境中,以听、说、读、看、写等方式理解和表达意义的能力,以及在学习和使用语言的过程中形成的语言意识和语感",是"构成英语学科核心素养的基础要素"。

从学生访谈及教学实践中的反馈可知,学生的语言知识和语言技能均得到了较为显著的提升,可见"线上导学"与线下教学的融合提高了学生的语言能力。

1. 语音知识

在线上导学过程中,无论是教师提供的音视频资源还是学生自主探索的学习资源,可发现听力这一语言输入形式较多,这极大地促进了学生听力的发展。教师可结合一些配音类、视频类软件让学生进一步体验、感知、模仿英语的发音,帮助学生提高语音的准确性。同时,借助一些语音实践类活动,鼓励学生多张口表达,学会运用恰当的重音、语调、节奏等有效表达意义、意图和态度。通过一系列听力练习、朗读训练、口头演讲等活动,大部分学生确实提高了口语表达的流畅性和自信心。

2. 词汇知识

目前的许多词汇类软件确实能提高学生的单词量,并有助于他们准确掌握单词的含义。在教师的指导下,处于不同词汇学习水平阶段的学生可选择适合自己的词汇学习模块。词汇基础薄弱的学生尤其认为线上资源中的单词列表和定期复习等功能有助于他们系统掌握单词。

调查发现,绝大多数学生已学会借助线上资源来理解单词词义和词汇功能,如各类词典软件。在线上导学过程中,结合特定情境的语篇,学生还能理解上下文中词汇传达的意图和态度。

3. 语法知识

线上的多模态语篇和更逼真的现实环境呈现,让学生不再只是机械记忆语法规则,而是能够在真实语境中感受语法的意义和实际用途,从而进一步识别与巩固语法形式。这种掌握语法知识的方式明显优于传统课堂上教师直接向学生灌输语法规则的做法。

一位学生在访谈中提到:"我们以往在学习语法时,可能由于知识系统本身比较复杂吧,听不懂老师的讲解,感觉不像在上英语课,反倒像在理解理科的公式……一节课的时间老师也就反复强调了几个'公式'。但是在'线上导学'过程中,我发现自己掌握语法的速度变快了,也没有刻意去学就学会了,很神奇。"这位学生提及的现象值得广大英语教师重视。传统课堂上,对语法知识的讲解往往需要花费一定的时间,教师普遍在脱离语境的情况下教授语法,而语法知识是"形式—意义—使用"的统一体,教师应该给予学生充足的时间,让他们在丰富的语境中理解和运用新学的语法知识。

4. 语篇知识

对于线上教学涉及的语篇教学,部分学生有这样的反馈:"以前对于文章的理解都是靠老师的口头讲解,自己在书本、练习纸上圈画,有了线上平台后,我能看到老师借助批注符号与不同颜色的标记即时展现文中的要点,文本特征及信息线索立马清晰了很多。"

除了在线上使用这一技术手段,线下课堂中教师也可充分利用 Word 或 PPT 自带的一些标注圈画功能。通过在屏幕上即时呈现语篇结构,寻找上下文线索,分析逻辑关系,圈画句子结构,定位重点词汇,教师能更直观具象地引导学生观察和分析具体语篇的结构和语言特征,使他们更高效地了解语篇的组织形式及语言特点,明确语篇成分之间的语义逻辑关系。

此外,在线上平台与资源的支持下,学生能了解多模态语篇的呈现形式和手段,比如理解语篇中的图片、表格、动画等非文字表意形式和手段的功能。但由于线上导学时间不宜过长,且长期紧盯电子屏幕也会造成一定的视觉疲劳,教师设计的纯语篇导学不宜太多。

5. 语言技能

依据新版《课程标准》,语言技能包括听、说、读、看、写五大项。线上资源能提供多模态语篇,其中的图形、表格、动画、符号及视频等都需要学生拥有理解意义的技能。新版《课程标准》也特别强调语言技能中的"看",依靠"线上导学"来锻炼学生的这一技能再合适不过了。

阅读类软件可帮助学生拓宽视野,增强对文章的整体阅读能力。利用新媒体语篇开展主题阅读,扩大了学生的阅读量。部分学生反映,"线上导学"中涉及的语篇阅读能让他们不受时间限制,根据自己的阅读能力来调节阅读速度,从而更好地理解语篇整体内容,并对语篇中的细节问题展开深入的探索。

英语阅读和写作的学习需要教师创新课程教授方式,重新组织教学内容,利用网络的开放性,建立起更为灵活的教学形式。线上学习时,学生在教师的指导下接触了更多与国外文化相关的语篇及期刊内容,时刻关注时事政治、热点话题,积累了许多地道的口头与书面表达方法,促进了说与写的能力(李盈熠,2019)。

二、学习能力发展成效分析

新版《课程标准》将学习能力描述为"学生积极运用和主动调试英语学习策略、拓宽英语学习渠道、努力提升英语学习效率的意识和能力",是"构成英语学科核心素养的发展条件"。学习能力的培养有助于学生做好英语学习的自我管理,养成良好的学习习惯,多渠道获取学习资源,自主、高效地开展学习。

下面是部分学生的访谈内容。

学生1:我会有意识地模仿音视频中外国人的语音语调,纠正自己的发音,还会在朗读打卡的社区和同学们分享自己的作品,或听听他们的作品。

学生2:播放音频、视频时,我也在不懂的地方反复听或看,还会主动做一些笔记,感觉学习效果提升了不少。

上述两位学生的分享都提到了线上导学过程中自身学习能力的提升,尤其在自主学习意识与学习能力的提升方面,具体体现在:选择合适的线上资源与工具辅助英语学习;有意识地积累线上媒体所使用的英语表达;根据自身能力水平自主调节学习策略;有合作学习的能力,乐于分享学习资源和学习经验,主动开展课外学习。

面对大量的线上教学资源,学生学会了如何结合相关资源开展学习活动。例如,教学视频、音频甚至虚拟的课堂模型学习等将枯燥、刻板的课堂氛围转化为虚拟、生动的学习氛围,让学生享受学习而不是被迫学习,帮助学生培养自主学习意识。

学生自主学习意识提升体现在他们拥有自主选择权,可以根据自己的学习能力水平、学习习惯、学习状态、学习兴趣来选择相匹配的资源,以达到最佳的学习效果。由于线上资源保存时间相对较长,学生能够随时获取所需资源进行复习,从某种程度上这也培养了他们的自我学习规划能力。

"线上导学"中,不少任务需要学生主动采取有效的学习策略。学习策略主要指学生为促进语言学习和语言运用而采取的各种行动和步骤。例如课前,教师提供的导学案中会明确学习任务与目的,设置思考题,学生可利用线上资源自主预习,尝试突破学习重难点,或在过程中自主发现新问题、解决新问题,并通过小组合作探究的形式共同完成学习任务。自主预习并自主处理疑难点,让学生形成了获得学用知识技能的新体验。

虽然也有学生在访谈中提及自身缺乏足够的自我管控能力,但他们认为比起原先的学习状态,自己还是有了较大的改变。"线上导学"的目的就是促使学生发现自身的学习潜力,而这恰恰是学习的基础,只有当学习者感到所学内容与自身相关并积极参与时,学习才是有意义的,这样的学习才能深入持久(郭丽萍,2018)。

三、情感态度发展成效分析

从问卷调查与学生访谈中,可以看出线上教学与线下教学融合的教学模式对学生的学习成效起着积极且正面的作用。将以网络多媒体技术为依托的线上教学和传统的面授教学相结合,可以达到更好的学习效果和教学水平(史鑫,2020)。

在学生学习成效方面,研究者发现学生的学习情感态度占有重要地位。情感态度是指兴趣、动机和意志等影响学生学习过程和学习效果的一些因素,是在学习过程中形成的意识和视野。在中学英语教学中,注重学生的情感态度也是我国素质教育推进过程中的重要部分。一方面,在关注学生知识技能等方面的同时关注学生的情感态度,对学生的身心发展起着重要作用。另一方面,学生的情感态度反过来也会提升学生学习的主动性与学习成效。

本书编写组就情感态度方面以问卷、面对面访谈等形式与学生进行了交流。访谈内容主要包括线上教学与线下教学融合的教学模式是否改变了学习方式、学生对新的教学方式的适应程度、新的教学方式是否会促进学习成效等。

（一）成效分析

不同学生因自身性格、成长经历等方面因素拥有不一样的学习方式。在访谈过程中,就有学生指出传统的线下教学让他感受到很大的压力,自己的一举一动仿佛都被注视着。但是线上教学与线下教学融合的教学模式减少了学生的紧张感,有助于他们更好地掌控自己的学习。问卷调查显示,大部分学生认为线上学习的融入改变了自己的学习方式,让他们注意力更集中,从而能够更好地完成学习任务。

本书编写组还发现,个别学生在线下教学过程中因不自信而不敢开口说英语,而转为线上教学时,他们能更勇敢地在公开讨论区表达自己的观点。

（二）影响分析

线上教学与线下教学融合的教学模式,无论对教师还是对学生而言都是全新的,因此在实践探索的过程中,也存在一些学生在情感态度上不适应的情况。

1. 对身体健康的影响

不少长期处于应试教育模式下的学生在面对线上教学时出现了不适应的情况。他们表示,由于长时间地盯着电子屏幕或长时间地坐在椅子上,身体处于一种相对疲惫的状态,眼睛也会出现疲劳感,感觉自己没有活力。

2. 对师生沟通的影响

随着线上教学与线下教学的融合,不少教师不加区分地将教学活动挪至线上进行,或只在线上批改作业。学生觉得相比传统的线下面授教育,这种方式缺乏及时的沟通。

综上所述,线上教学与线下教学融合对学生的学习情感与态度产生了积极的影响。学生整体上愿意接受新的教学模式,个性化教学也在新的教学模式下得到了进一步发展。但面对混合式教学带来的挑战,我们也需要进一步反思和改进。如何使线上教学与线下教学相辅相成,促进学生的情感体验,从而提高学生的学习成效,这些都需要我们进行深入的研究。

第二节 研究数据分析

随着"互联网+"活动的深入开展和信息化教学条件的不断完善,线上线下融合式教学成为当前许多学校和教师探索教学模式改革的热点。专家们为此进行了大量的研究,但主要集中在混合式教学的理念思路、教学设计、组织实施、教学效果的分析评价等方面,对学生层面的分析研究关注不多。作为一种新的教学模式,线上线下融合式教学的实施与推进离不开学生的认识与理解、接受与参与、配合与支持,这也是该教学改革成败的关键。了解学生在线上线下融合式教学过程中的认识、态度和参与行为,分析现状和问题,是有效推进该模式实施的基础和前提,也是一个必要环节。为此,本书编写组开展了学生层面的调研,以期为学校和教师尝试线上线下融合式教学改革提供参考。

一、确定调查方案

(一) 问题的提出

"互联网+"时代背景下,世界现代教育信息化技术及应用正朝着多媒化、网络化、移动化、泛在化、远程化的方向不断发展,如国外教学资源 MOOC (Massive Open Online Course)的大规模上线运行。同样,我国也正在积极推动用信息技术改造传统教学。新版《课程标准》指出,要重视现代信息技术应用,丰富英语课程学习资源。中学英语教师应正视现代信息技术下教学方式和学习方式的变革,促进信息技术与课程教学的深度融合,根据信息化环境下英语学习的特点,科学地组织和开展线上线下混合式教学,丰富课程资源,拓宽学习渠道。

（二） 调查方式与组织

本次调查以全面开展线上线下融合式教学改革的 5 所学校 359 名学生为调研对象。通过前期研讨,选择四个方面共 20 个问题编制了调查问卷,以随机发放在线问卷的方式实施匿名调查。调查持续一周,共回收有效问卷 359 份,客观地反映了学生开展融合式学习的真实情况。

（三） 调查步骤与推广

第一阶段:制定调查总体方案,设计、修改和制作问卷。

第二阶段:通过"问卷星"下发问卷,搜集整理反馈。

第三阶段:通过数据分析,了解线上线下融合式教学中学生学习的现状和存在的问题,并撰写调查报告。

同时,本书编写组同步开展多种形式的推广与研究。一方面,通过问卷调查、访谈、课堂实录和诊断性测试等方法进行实验后测和结果统计,侧面验证实验。另一方面,与实验基地学校等单位开展教学联动活动,进一步验证实验。编写组还专门开展市级成果推广、区级公开课和学术讲座,利用工作室网站平台等推广成果,并多次接待专程来基地学校学习交流的各地教师团。在推广过程中,编写组的研究成果获得了同行的认可,并得到广泛应用,产生了良好的社会影响。

二、结果呈现与数据分析

（一） 学生对于融合式教学的理解和认知

在"你更喜欢哪种教学模式?"的调查中,50.7%的学生喜欢线上线下融合式教学(如图 5-1 所示)。在"你认为传统课堂与信息化课堂是否有必要结合?"的调查中,69.36%的学生认为传统课堂与信息化课堂有必要结合(如图 5-2 所示）。现代信息技术的发展引发了教学媒体的不断变革，也促进了教学时空的改造，最终构造出一个现实空间和一个虚拟空间。相对于传统教学时空严格的统一性而言，现代教学活动可以在这双重的空间中无缝切换，让学生的学习时间更灵活、学习体验更丰富，教师的教学活动设计更多元、教学效果更显著。真正有效的教学时空应该是融合的，可见线上线下融合式教学是必然的趋势。

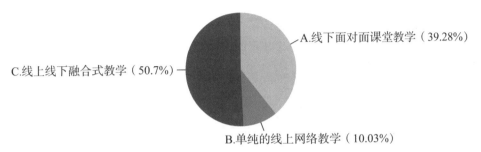

图 5－1　学生更喜欢哪种教学模式

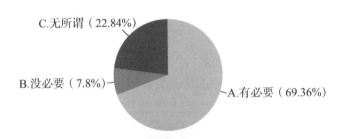

图 5－2　传统课堂与信息化课堂是否有必要结合

　　然而在调查中，仍然有 22.84% 的学生表示无所谓，7.8% 的学生认为没有必要将传统课堂与信息化课堂结合，这可能与他们对线上线下融合式教学的理解有关。我们发现，有 44.57% 的学生对融合式教学并不了解（如图 5－3 所示）。线上线下融合式教学是一种有效融合多种学习内容、学习方式、技术手段和学习环境的教学存在形式，其最终目标是促进学生的学习投入和提高学生的学习效能。融合式教学是一种"线上+线下"的教学，从内涵特征来看，它是以深度学习为教学目标，以创造个性化的教学时空为基本途径，以丰富的线上教学资源为基础和前提，以灵活多样的线下学习活动为拓展延伸的载体，以质、量结合的评估为教学进程决策手段的一种新型的信息化教学。融合式教学绝不是"为了融合而融合"，其最终目标是促进学生的学。

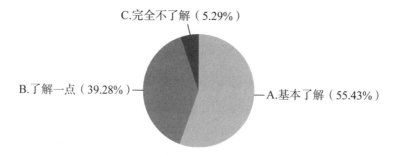

图 5-3 学生是否了解融合式教学

（二）学生对于融合式教学的态度及其学习成效

在"你认为在线学习会改变学生的学习方式吗?""你在线上学习的状态是怎样的?"和"你认为线上线下融合式教学是否能提高你的英语成绩?"的调查中,有62.12%的学生认为线上线下融合式教学可以激发自己学习的积极性和主动性,但同时也有56.55%的学生表示在学习过程中虽然能完成学习任务,但偶尔会开小差,还有6.69%的学生线上学习时心不在焉,无法完成学习任务(如图5-4所示)。从学习成效看,31.48%的学生认为融合式教学明显提高了他们的成绩,63.23%的学生没有感觉到成绩的变化,5.29%的学生成绩有所下降(如图5-5所示)。

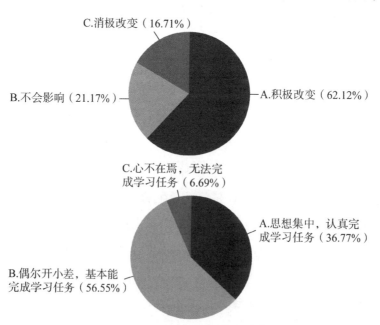

图 5-4 学生对融合式教学持怎样的态度

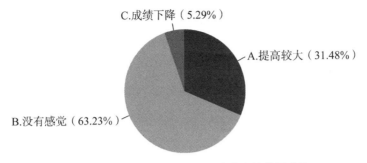

图 5-5 融合式教学是否能提高学生的英语成绩

这说明"互联网+教育"时代在为更新教学理念、创新教学方式方面带来难得的发展机遇的同时也带来了诸多严峻挑战。大多数学生在线上学习时都能努力参与到在线教学过程中,但仍然有部分学生因为教学过程中缺乏实质性的互动而出现注意力不集中、走神的现象,导致学习效果不佳。学生们依旧期待能够有机会进行面对面的交流学习,这对注重沟通交流的语言学习而言尤为重要。教师在使用线上线下融合式教学平台时,还应进一步创新教育教学方式,增加课堂内外的师生互动机会和次数,及时对学生的学习情况作出反馈,提升学生学习的积极性和兴趣。

(三)融合式教学的学习资源和配置

1. 线上线下融合式教学的起点

在"你使用线上线下融合式教学的起点是什么?"的调查中,57.94%的学生选择配合教师教学,28.97%的学生选择自主学习,13.09%的学生选择还未使用(如图 5-6 所示)。这说明教师对在线教学的态度从观望转变为实践,技术应用从辅助教学转变为支持教学,教学观念的更新从慢行转变为加速。

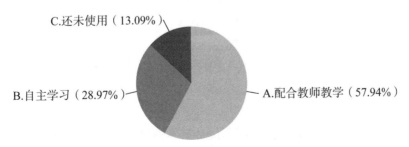

图 5-6 学生使用融合式教学的起点是什么

2. 线上线下融合式教学的投入情况

在"你所在学校的教师使用线上线下融合式教学的情况是怎样的?"和"如果采用线上线下融合式教学,你认为每周课外的线上自学时间多长最合适?"的调查中,66.02%的学生选择学校教师偶尔使用线上线下融合式教学(如图5-7所示),58.77%的学生愿意参加每周2小时以内的线上学习,30.92%的学生愿意参加2—4小时的线上学习(如图5-8所示)。可见,在不少教师已经开始实践线上线下融合式教学,且多数学生也愿意投入时间参与其中的背景下,今后有必要加强线上线下融合式教学的课程设计和平台建设,提高资源质量,通过在线互动等方式来提高学生在线学习的积极性。同时,要加大培养学生学习习惯、学习投入、行为习惯等的力度,提升学生单位时间的学习效率,为融合式教学创造条件。

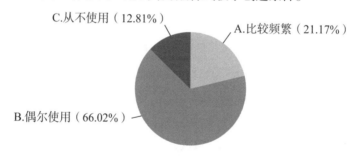

图5-7 教师使用融合式教学的情况是怎样的

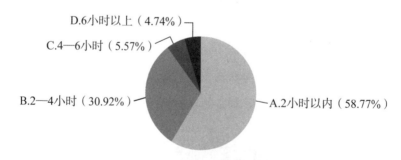

图5-8 学生愿意在融合式教学中投入多少时间

3. 线上线下融合式教学的资源和工具

"工欲善其事,必先利其器。"随着信息技术的快速发展,教学平台和工具也在不断推陈出新,功能更是不断增强。因此,如何选择合适的在线教学平台和工具至关重要。从"在学习过程中,你比较喜欢哪一类教学资源?"和"你曾经使用过哪些英语线上教学资源?"调查中可以发现,学生比较喜欢文本资料(62.12%)、视频音频(61.28%)、教学课件(53.2%)和教师微课(45.4%)(如图5-9所示)。学生在英语学习过程中接触比较多的教学资源是听说类、词汇类、课程类和视频类资源。

教师在备课、资源发布、在线互动与协作、效果评测等不同环节都拥有一系列简易、强大的在线教学实操平台和工具,如表5-1所示。

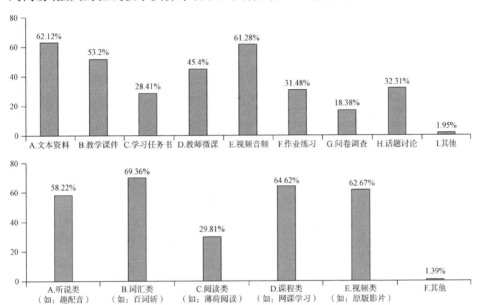

图5-9 教师经常使用的融合式教学资源和工具有哪些

表5-1 融合式教学的资源和工具示例

教学资源	趣配音、TED、薄荷阅读、百词斩……
直播平台	钉钉、腾讯课堂、CCTalk、ZOOM、企业微信、希沃直播、晓黑板……
社交软件	E-mail、微信、QQ……
团队协作	分工分任务神器、团队日志、团队协作宝……
资源共享	百度网盘、腾讯文档……
教学平台	空中课堂、魔灯(Moodle)、慕课(MOOC)……
学习测评	作业登记簿、作业盒子、一起作业、优诊学……

（四）融合式教学的教学方式和设计

1. 线上线下融合式教学设计过程

教无定法，教有优法。本书编写组所理解的融合式教学不是模式统一的教学，而是一种允许在"线上+线下"大框架下进行创新组合的教学。在"你的学习进程一般是怎样的？"的调查中，我们发现65.18%的学生选用单元导学—教材—文本资料—视频资料—课堂讨论—完成作业的学习进程（如图5-10所示）。融合式教学和传统课堂教学的核心区别在于前者增加了对教学效果的及时反馈，贯穿课前、课中、课后每个教学环节，通过数据驱动讲授式教学活动进程，后者则是由教师凭借教学经验执行设计好的教学活动。

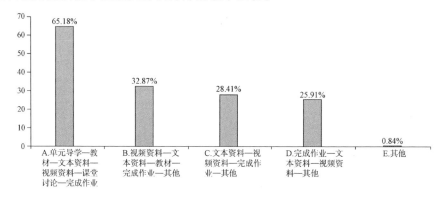

图5-10　学生在融合式教学中的学习进程是怎样的

2. 线上线下融合式教学活动

在"在线下教学中你最喜欢哪一类活动？"的调查中，可以发现一半以上的学生选择教师讲授（69.08%）、教师答疑（57.38%）、问题讨论（53.76%）和小组探究（51.25%）（如图5-11所示）。

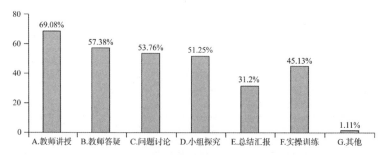

图5-11　学生喜欢的线下教学活动有哪些

在"在线上教学中你最喜欢哪一类活动?"的调查中,学生偏爱观看微课(68.52%)、文本学习(53.48%)、讨论交流(45.96%)、案例分析(43.18%)、资料搜集(41.78%)和探索作业(41.5%)(如图5-12所示)。可以看出,视频是最受学生喜欢的线上资源,建议教师在建设在线课程时将视频、在线互动和教学评价等栏目和内容放在一起,做到线上有资源、线下有活动、过程有评估、互动有实效,从而真正提高线上教学的效果。

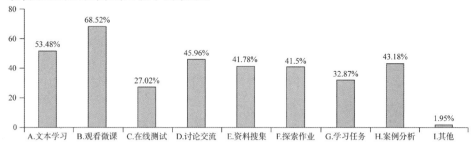

图5-12 学生喜欢的线上教学活动有哪些

3. 线上线下融合式教学评价

在"在课程考核方案中,你认为以下哪项是评价的重点?"的调查中,学生的选择为课后作业完成情况(76.04%)、参与课堂讨论情况(66.3%)、单元测试(52.09%)、期末测试(50.7%)、在线时长(46.24%)和登录课程次数(38.44%)(如图5-13所示),这说明学生在学习过程中既重视自己的形成性评价,也重视终结性评价。因此,建立多元评价体系,采取形成性评价和终结性评价相结合的模式更为可取。明确学业评价策略和学习激励措施后,教师通过在线练习和课堂实践操作,能够保证学习效果与教学质量。

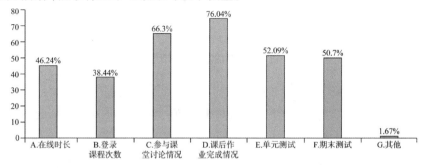

图5-13 融合式教学评价的重点是什么

（五）学生学习中存在的问题与需要完善之处

在"你认为线上线下融合式教学中存在的主要问题是什么?"的调查中,排名前三的选项分别为自我控制能力(74.37%)、自主学习能力(59.05%)和缺乏交互性(44.85%)(如图 5 - 14 所示)。这说明学生在线上线下融合式教学中存在行为习惯和学习习惯的问题,教师在教学设计时缺乏实质性的互动。在教学过程中没有互动不行,有了互动但不是实质性的互动同样不行。比如有的教师在教学过程中虽然采用了提问的互动形式,但仔细观察可以发现这些提问与启发无关,属于假互动。又如有的教师在教学过程中常常开展讨论、辩论、调查、测试等教学互动,但这些互动的内容和教学目标相关度不高,对教学目标的达成没有建设性的帮助,同样可以归为假互动之列。

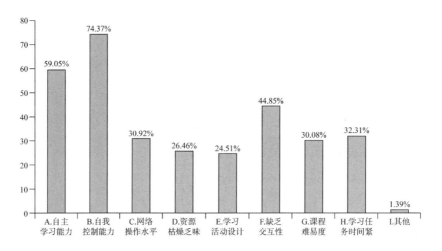

图 5 - 14 融合式教学中存在的主要问题是什么

在"你希望以后的线上线下融合式教学在哪些方面进行完善?"的调查中,学生的选择为活动设计(55.71%)、教学资源(49.58%)、主题设计(49.03%)、单元导学(47.63%)、作业设计(45.96%)、硬件配置(40.39%)、教师督促(33.15%)、评价方式(29.25%)和其他(1.39%)(如图 5 - 15 所示)。这也印证了前文的相关调查结果:凡是学生在学习过程中觉得需要帮助和提升的,都是他们希望加强、完善和改进的地方。他们更关注课程设计、教学活动设计、资源质量和硬件配置问题。这些均提示了学生在线上线下融合式教学中的痛点,有核心内容方面的,也有基础保障方面的,还有支持辅助系统方面的,以上都需要在今后的推进过程中逐步完善。

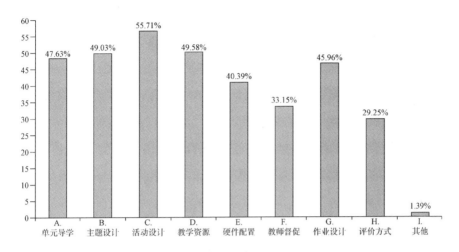

图 5－15　融合式教学中需要完善的方面有哪些

三、初步调查结论

在主观题"请你谈谈对线上线下融合式教学的感受与看法,说明其存在的问题并提出建议"的调查中,学生主要的反馈如下:

"融合教学有利于同学们利用碎片化的时间进行补充学习,在认真学习课本知识的同时激发对学科的兴趣,寓教于乐。"

有些学生对线上线下融合式教学改革表示肯定。他们认为这是一种新的教学模式,学习时间灵活,能满足个性化学习的需求,激发学习兴趣等。线上线下融合式教学具有十分明显的优势,它将不同的学习理论知识和教学方式相融合,进而发挥出更大的价值和作用。

"这是大数据时代不可改变的趋势,同样也有助于我们更好地学习,但是有些同学会因为自控力等问题产生不好的效果,家长、老师和学生都要积极调整,才能获得更好的成效。"

有些学生对自控能力和自主学习能力表示担忧。为此,教师需要在教学过程中正确地指导和帮助学生掌握学习方法,学会自我管理,制定适切的学习目标以及加强对学习任务的执行力度。此外,教师还要认真思考如何让学生掌握正确的学习方式。

"希望多开展线上线下融合式教学,使教学模式多样化,可以融入更多的网络资源,但需要增加学生的讨论活动、师生的互动活动或竞赛部分的学习。"

有些学生对资源提出了建议。他们认为可以增加线上线下教学活动的多样性,如增加更多的视频、活动、互动,让资源更生动形象、具有吸引力等。融合式教学主要是为了引导学生采用自主、合作、探究的学习方式开展学习。根据不同的教学目标和教学策略,教师可以设计不同的线上线下教学活动,从而达到巩固、运用、拓展和总结教学内容的目的。

"融合式教学正处于逐步成长和完善的阶段,相信今后会越来越好。实施时要兼顾学生的兴趣和知识的融入,教学资源要科学合理,并有积极的评价体系,注重课程的实效性。"

有些学生对平台功能提出了建议。除了课程的实施过程,包括支持学习过程的记录、在线作业、分组学习、在线讨论与答疑以及在线直播教学等,课程的在线评价也是在线课程平台的一个特色和亮点,在线平台不仅有利于教师开展多样化的诊断性评价、形成性评价及终结性评价等,还能支持课程成绩的统计和分析。

"线上课程合理利用我们的设备,使课程变得更有趣,同时也要保证设备的质量,目前仍存在师生不善于使用网络设备的问题。"

有些学生对网络基础设施提出了建议。很多教师在谈到自己线上教学的状态时,都直呼"忙乱不堪""状况百出",这主要是因为他们对教学平台和软件不熟悉所导致的。教师不仅要选择在线教学需要的合适的平台和软件,更要熟悉选择和使用的平台和软件等。在线教学尤其需要强大的后勤保障,教师在教学过程中需要及时做好师生、生生研讨的要点或问题反馈的记录,便于后续有针对性地开展答疑或引导、点评活动。平台工作人员也需要从技术角度全程给予保障。

对中学英语线上线下融合式教学改革而言,学生的态度是关键。调查表明,学生对线上线下融合式教学基本上是认可的,态度也是积极的,这是开展融合式教学的前提。当然,不同学生对线上线下融合式教学的理解与实施还存在差异,这些差异既有观念上的差异,也有行为习惯、学习方法、学习态度、内容偏好等方面的差异。特别需要注意的是,调查结果反映出有一小部分学生既不适应也不积极,这为后续融合式教学的实施与开展带来了一定的挑战,必须探明原因,反思改进。

第三节 应用实施建议

随着人工智能、大数据、区块链等技术的迅猛发展,教育信息化将深刻改变教师的职业需求和教育形态。智能环境不仅改变了教与学的方式,而且已经开始深入影响教育的理念、文化和生态。现代信息技术为英语教学提供了多模态的手段、平台和空间,以及丰富的资源和跨时空的语言学习机会与使用机会,促进了英语教学理念、教学方式与学习方式的变革。

一、教学融入建议

(一) 强化教师"线上导学"融入式教学的理念

新版《课程标准》中明确要求"教师要积极关注现代信息技术在英语教学应用领域中的发展和进步,努力营造信息化教学环境,学习和利用网络提供的实时、个性化学习资源,为学生搭建自主学习平台,帮助学生拓宽学习渠道,深化信息技术与英语课程的融合,提高英语学习的效率"。在后疫情时代,广大教师应该从观念上的被动接受转变为主动吸纳,积极、自主地将"线上导学"融入中学英语课堂教学。

(二) 合理利用"线上导学"融入式教学

"线上导学"融入式教学不仅需要设计、制作线上教学内容,还需要配套线下教学内容,这是"线上导学"融入式教学与传统课堂授课的主要差别。正因为如此,融入式教学对教师设计制作教学内容提出了更高的要求和标准。

线上教学内容和线下教学内容如何划分? 学生如何在线上学习自己想要学习的内容,使其和线下的课堂教学内容相辅相成? 在实际的"线上导学"融入式教学中,教师需要及时更新网络平台中的教学资源,并让学生参与到线上教学活动中,而不是把线上教学活动当成负担。教师需要重点针对教学资源和内容进行整合,将一些能引发学生兴趣的课程资源上传到网络平台。

另外,教师在开展"线上导学"融入式教学时,需要重点关注学生的学习目标和未来规划,不宜强制要求学生利用课余时间进行线上学习,而应先对学生的学习能力、精力和时间进行充分评估,再鼓励学生主动参与课堂外的线上学习活动,以期达到教师教学效率和学生学习效率共同提高的叠加效应。

(三) 整体设计"线上导学"融入式教学活动

在设计"线上导学"融入式教学活动的过程中,教师应当以发展英语学科核心素养为宗旨,以关注单元整体教学为目标,围绕主题语境整体设计学习活动。

1. 单元导学的设计

设计单元导学时,教师应让学生在线上学习的过程中明确单元学习目标、学习内容的重难点。教师通过单元指导划分并明确线上和线下任务,从而将每个单元的内容模块化,这样学生每学习一个模块之前就能知道自己的学习目标、难点、重点等。学生还可以通过平台反馈自己的困惑,教师汇总这些内容并进行有针对性的备课,能够显著提高教学效率。

2. 线上教学内容的设计

线上教学内容主要包括课前预习内容、课后巩固内容。比如,课前可设计基础性知识、文化背景类知识的学习,课后则开展项目式学习。教师在设计线上教学内容时,应注意不要和线下教学内容重复,选择内容时可回顾先导课程,再引入本节内容的相关知识点,对重难点可积极尝试短视频等技术手段来解决。

3. 线下教学内容的设计

线下教学主要是教师通过讲解让学生以讨论、合作、探究的形式对本章本节的内容进行深入学习,结合线上学习的先导课程内容及所产生的疑难困惑,解决突破重难点。

4. 线下教学内容的延伸

虽然线上教学具有诸多优势,但线下教学的重要性是不言而喻的,教师应在保障传统教学的前提下,将线上教学作为线下教学的延伸,进而发挥线上教学的优势,为学生制定个性化的教学配套内容,引导学生主动开展探究式学习,从而达到深度学习的目的。其间,教师应全程参与,做到事先校验线上教学,确保安全可靠,同时要培养学生的网络安全意识,引导他们安全有效地利用网络,自主选择以认知兴趣或学习需求为导向的学习内容,多渠道、多方式地完成配套的实践活动。

二、资源整合建议

优质的教学资源保障是确保教学质量的前提,更是实施教学行为的关键要素,因此整合教学资源对于线上教学来说至关重要。良好的教学资源整合能力,不仅有助于教师进一步丰富教学素材,提升课件品质,为学生的自主学习提供有利条件,对素质教育的全面实施及教育的信息化建设也大有裨益。

(一) 提供合适的教学资源

在合理评估学情的前提下,教师应以激发学生学习兴趣为导向提供合适的线上导学资源,以达到拓宽学生学习视角、提升学生学习专注度的目的。在选择与制作教学资源的过程中,教师可积极借助视频、微视频、课件、学习任务书、文本资料等融声音、图像、情境于一体的学习资源,进一步丰富教学资源的内容和形式,从而满足学生多元化的学习需求,为学生营造真实生动的交互式学习环境,进而激发学生的学习兴趣,让他们从被动学转变为勤思考、主动学。此外,教师还要根据学生的实际情况,循序渐进地引导学生利用线上学习的资源优势,解决自身在学习上遇到的问题和困难。

线上导学资源的多样性与普适性也需要引起教师的关注和重视。传统教学内容受时间和空间的影响,主要被限制在教材内。课本知识的局限性导致其已难以满足当今社会素质教育的发展需求。而线上资源的补充不仅能够做到让学习与时俱进,弥补传统教学的不足,还能以海量的信息和多样的形式极大地调动学生的积极性和主动性,使学习不受时间地点的约束,符合终身学习、自主学习的特点。

(二) 建立资源共享云平台

建立资源共享云平台,顾名思义就是将教科书、课件、测试题集、学习资料包、优秀学生习作等传统文本学习资料数字化,一并转化为线上电子教学资源,并以此为基础逐步建立教学资源共享的云平台。

学生可通过个人电脑、手机或平板电脑等智能终端设备,随时随地地浏览云平台中的相关资源模块,复习课堂教学内容,也可根据自己的兴趣和学习进度自主选择有关内容进行学习。随着 5G 的商业化运营,学生将有更好的硬件条件和通信保障,这更有利于发挥云平台的优势作用。

（三）利用交互式网络平台

教师可根据实际情况选择合适的社交媒体平台、交互式平台等网络资源,推动一对一或一对多的个性化教学和讨论,实现师生间的实时在线提问和答疑解惑,这将为师生共同探究、沟通交流、成果分享创造更多机会。此外,教师还可以借助平台,针对不同层次的学生推送相应的教学内容,最大化满足学生个性化的学习需求。

三、教学评价建议

教学评价的目的在于提升英语学习效率,提高英语教学质量,完善课程设计形式,监控学生学业质量,是英语教学体系中必不可少的重要组成部分。随着互联网的迅速发展及大数据分析的广泛应用,采用科学、合理的线上线下评价方式,能够对学生作出更全面、客观的评价,从而更好地提升教与学,促进学生全面发展。

（一）多维化的评价内容

新版《课程标准》明确要求,评价要促进学生的发展与成长。评价内容的全面性及评价目标的多维化有助于培养学生的英语学科核心素养。教师应该重点关注学生在语言能力、文化意识、思维品质、学习能力等维度的整体表现与协同发展。中学英语学习评价的目标范畴包括日常学习过程中的实时表现、学习活动各要素的达成程度和效果、语言综合运用中体现的学科核心素养水平等。

（二）多元化的评价主体

教师、学生、专家、校领导、家长等均可以成为多元化教学评价体系的主体,但我们应尤为关注学生在评价中的主体地位。教师应把评价重点放在学生自评、学生互评及教师评价这三个维度上。学生按照教师给出的标准进行自评和互评,发现和分析学习中的具体问题,教学评价因此变成主体参与、自我反思、相互激励、共同发展的过程和手段。除了学生自评与互评外,教师评价可进一步催化学习成效,促进学生进步。在此基础上,可再逐步引入家长、专家、校领导等其他评价主体。在开展融合式教学的过程中,多元化的评价主体不但能使评价结果更客观有效,而且有利于激发学生在线学习的积极性。

(三) 多样化的评价方式

教师要重视对日常教学和学习情况的过程性观察、监控、记录和评估。在实际执行过程中,受限于传统线下教学模式及纸笔测试载体,教师确实很难做到客观、系统地评估。而随着融合式教学的开展,越来越多的教学内容可由线下转为线上,通过短视频、在线演讲、在线考试等线上评价活动,使原本难以监控和记录的课后学习时长、课外阅读量、学习即时效果等过程性信息得以全面保留,这对多样化评价方式的深化实施起到了实质性的推动作用。此外,信息化统计分析的便捷性有助于教师及时根据学生学习过程中的表现给予过程性干预,实施精细化管理,提高整体教学质量。

第四节　未来教学展望

一、技术的选择与现实的匹配度

IBM 曾开发了一个机器人助教吉尔·沃特森(Jill Watson),用于在佐治亚理工学院开设的"基于知识的人工智能"在线课程中回答学生的问题,而学生并没有意识到吉尔是智能机器人(董莉,2018)。应该说,它能够代表当前人工智能在教育应用中的较高水平,它将机器智能带入了认知时代。开发者因此坚信,使用人工智能能够实现规模化的个性化学习。当然这只是从技术含量角度考虑学习的先进性。

引用祝智庭教授的观点,仅仅从技术层面考虑教育的先进性,未免失之偏颇。如今教育界受信息技术界影响,大谈"互联网+教育",这有盲目跟风的嫌疑。就教育领域而言,技术带来的便利性是必要的,但便利性并非教育的核心价值,为学生创造美好的学习与发展体验才是核心价值。所以在教育中采纳技术具有天然的"慢性"特征,因为教育从来都不是单纯根据技术的需求来变革的。

祝智庭教授在智慧学习生态论述中提出了四种智慧学习方略,分别是班级差异化教学、小组研创型学习、个人自主适性学习、群体互动生成性学习(祝智庭,2017)。如果从教育理念角度考虑,当前最先进的当数群体互动生成性学习,特别是当它和深度学习理念融合后形成的模态,涉及个性化、协同化、体验式、探究式等先进理念。比较容易实现的是基于精准教学设计的班级差异化教学。而小组研创型学习和个人自主适性学习尚处于初级水平,更别说群体互动生成性学习了。这不仅仅是相关技术缺失的问题,更是先进教学设计缺失的问题(祝智庭,2017)。

"线上导学"融入中学英语课堂教学的关键在于技术在教育中的价值是由学习设计者决定的。通过前文提及的教学流程和教学设计的论述,以及初高中不同教材的教学实践案例分析,我们可以得出,在中学英语教学中适度使用合适的技术,可以设计出具有协作性、差异性的情境型、探究型学习活动,让学生获得较好的学习体验,培养其发现与创造的潜力。技术的投入要考虑成本和产出。在英语教学中未必用了高技术就有高产出(学习成效),有时小技术也能发挥大作用。目前教师应充分选择合适的技术——微课、微视频、语音采集和评价系统等,与校情、学情相匹配,以新教材、新版《课程标准》和中学英语教学基本要求为依据,在先进教学理念的引领下,体现技术的教育教学价值及其与现实的匹配度。

二、教学设计与学生体验的效度

英语教学方法一直不断在进化。线上和线下的混合教学就是一种互联网技术支持下的后现代教学方法。混合教学可以理解为广义的,即各种教学方法的融合;也可以理解为狭义的,即在特定环境下结合信息技术,线上和线下融合,这种方法也被定义为混合式教学。

混合式教学需要先学后教,当然也需要一定的条件。这种教学模式很重要的一点就是基于教师的教学设计。线上的导学课和线下的课堂导学案都是一种引领性的设计,不仅要基于学生已有的认知及实际的个体条件和情况来制定,还要结合学生的最近发展区,要求学生在自主的、和谐的平台上主动学习探究合作,这对学生自主学习的要求很高。那些自主学习能力、理念和方法欠缺的学生往往会放弃学习,效果也不理想。但对于那些具有一定自主学习能力的学生而言,他们能深刻地体会到学习的成功和获得感,这将为他们开展持续性的终身学习打下扎实的基础。

另外,教师的幕后作用也非常重要,教师要以自身的专业素养与人格魅力去引领学生,要发掘学生的学习潜力,引导学生学会在技术环境下自主学习,只有当学习者感到所学内容与自己相关,并在参与中获得了积极的体验,学习才会有意义,才能实现教育的价值,这样的学习才能持久而深入。

三、学科核心素养培养的达成度

将"线上导学"融入中学英语课堂教学实际上是采用翻转课堂的教学模式开展自主学习。教学实验和问卷调查的结果都反映出融合式教学所建立的理论基础能够促进学科核心素养培养。

（一）学生通过融合式教学建构知识

从"在学习过程中,你比较喜欢哪一类教学资源?"和"你曾经使用过哪些英语线上教学资源?"的调查结果中可以发现,学生比较喜欢视频音频(61.28%)和教学课件(53.2%),学生在英语学习过程中接触比较多的教学资源是听说类、词汇类、课程类和视频类资源。

学生在访谈中感触颇深:"我会有意识地模仿音视频中外国人的语音语调,纠正自己的发音,还会在朗读打卡的社区和同学们分享自己的作品,或听听他们的作品。""播放音频视频时,我也会在不懂的地方反复听或看,还会主动做一些笔记,感觉学习效果提升了不少。"

学生在融合式教学过程中借助微课等线上导学的方式,通过自主学习,在教师的帮助和指导下实现知识的建构,体现学生的主体性,突出学生主动学习。从实验数据和问卷调查与访谈的结果可以看出,"线上导学"融入中学英语课堂教学所取得的实际效果确实不错。

（二）以小组讨论和小组探究为主的学习方式

在"你的学习进程一般是怎样的?"的调查中,65.18%的学生选用单元导学—教材—文本资料—视频资料—课堂讨论—完成作业。

在"在线下教学中你最喜欢哪一类教学活动?"的调查中,一半以上的学生选择了问题讨论(53.76%)和小组探究(51.25%)。除了课堂讲授外,这些活动是融合式教学线下教学的主要方式,也是进阶学习的重要环节。

美国学者埃德加·戴尔(Edgar Dale)于1946年率先提出"学习金字塔"理论,指出小组讨论、实际演练/做中学、马上应用/教别人三种学习方式效果相对更好。在实际教学过程中,尤其在"线上导学"之后,线上线下呼应式教学设计中的小组讨论和小组探究就彰显出其优势。前面的案例设计和分析都已经充分证明了这一点。

在基于"线上导学"这种翻转课堂似的教学实践中,教师通过课前线上导学、学生自主学习、课上小组活动和展示交流,尽可能地为学生提供主动学习的机会,使学生在参与中发展语言能力,启迪文化意识,提升思维品质,锻炼学习能力。

(三)自主学习越来越受青睐

在"你更喜欢哪种教学模式?"和"你认为传统课堂与信息化课堂是否有必要结合?"的调查中,50.7%的学生更喜欢线上线下融合式教学,69.36%的学生认为传统课堂与信息化课堂有必要结合。

在"你使用线上线下融合式教学的起点是什么?"的调查中,57.94%的学生选择了配合教师教学,28.97%的学生选择了自主学习。

关于学习时间,58.77%的学生愿意参加每周2小时以内的线上学习,30.92%的学生愿意参加2—4小时的线上学习。

实验数据和问卷调查的结果已经说明,自主学习的理念正逐步为学生所接受。因为学生在融合式教学中已经感受到自主学习能力提升后所取得的学习效果。

将"线上导学"融入中学英语课堂教学是以国内外自主学习理论为基础,突出教师的"导"和学生自主的"学"相融合,教师的"导"在先,学生的"学"在后,整个学习过程中"导"与"学"齐头并进。

教师成为学习目标、内容和过程的总设计师和导师,而学生是好奇的学习者。导学案、课堂教学设计、导学作业和课后作业的设计都围绕一个核心理念——基于学生的最近发展区,在"i+1"和"脚手架"的理论支撑下,考虑学生的已知和未知来合理设计教学。

"线上导学"在数字科技发展的推动下,具有短、平、快的特点:时间短,容易聚焦学生的注意力;内容循序渐进,适合缩小不同水平起点学生的差距;学习内容目标明确清晰,容易快速达成。

四、未来融合教学策略展望

祝智庭教授指出,在教育技术领域,大数据出现之前已经出现了四种研究范式:计算机辅助教学,让计算机当助教;智能导师系统,让计算机当家教;让儿童用 Logo 语言来教计算机(Logo-as-Latin,Logo 语言逻辑严密,犹如拉丁语,有助于发展儿童的思维能力),让计算机当学生;计算机支持的协作学习(CSCL)。智能教学系统起源于人工智能,早期主要关注系统教学能力,在大数据时代则更多地关注学习服务,由此增加了个性化和自适应两个新元素,这与新出现的第五种范式——个性化适性学习是很吻合的(祝智庭,2013)。

随着人工智能(深度学习)技术的快速发展,教育技术领域出现了第六种范式——机器自主学习。根据祝教授的观点,基于知识算法的机器人能够轻易超越我们的逻辑思维能力,那么教育完全可以让学生转向审辩思维、创造思维发展。高考也可以多设计一些面向本真问题解决的综合能力测试题,增加表现性评价,这样才能明显、真实地体现出技术促进教育变革的真正意义(祝智庭,2013)。

未来,随着各种技术的发展和普及,中学英语教学还将不断发生变革。从技术的发展趋势、教育的核心价值以及英语学科核心素养的培养来看,未来融合教学的策略应突出以下三点:一是充分利用大数据的统计学分析,云端的教学平台、"线上导学"的教学流程和教学设计要体现个性化、适应性,使英语教学趋向于一种学习服务;二是基于人工智能的已有发展水平,"线上导学"融入中学英语课堂教学的活动和任务型教学等设计要更注重思维品质的培养,语言交际的目的就是运用语言知识和语言技能来表达思想和传递文化,所以人工智能的强逻辑性完全可以训练学生的批判性思维及创造力和想象力,从而改变目前中学英语教学过于偏重语言知识和语言技能,而难以全面落实学科核心素养——培养思维品质和文化意识的现状;三是"线上导学"融入中学英语课堂教学可以依靠更智能化、个性化、多元化的发展性评价体系,即集记录、追踪、评价、咨询、鼓励、建议等于一体的技术手段,采用定性与定量相结合、过程与结果相结合的发展性评价,促进每一位学生有个性地、适应性地发展,具有终身学习的能力。

参 考 文 献

［1］Borich M. Effective Teaching Methods ［M］. Beijing：Pearson Education North Asia Limited，2000.

［2］Danesi M. Second Language Teaching：A View from the Right Brain ［M］. Boston：Kluwer Academic Publishers，2003.

［3］Mitchell R，Myles F. Second Language Learning Theories（2nd ed.）［M］. London：Hodder Arnold，2004.

［4］里德利. 自主课堂:积极的课堂环境的作用［M］. 沈湘秦，译. 北京:中国轻工业出版社,2002.

［5］曹殿波,党子奇. 混合式教学设计与实践［M］. 北京:高等教育出版社,2020.

［6］陈书华. 论网络信息资源组织的方法与方式［J］. 高校图书馆工作,2005(1):27－30.

［7］程晓堂. 英语教学与信息技术的深度融合［J］. 中小学数字化教学,2018(1):6－9.

［8］程正方. 现代管理心理学［M］. 北京:北京师范大学出版社,2009.

［9］崔允漷. 混合学习要从方案变革做起——由"停课不停学≠在线学习"想到的［N］. 中国教师报,2020－03－04(12).

［10］董莉. 学习"工具箱"［J］. IT 经理世界,2018(24):21－23.

［11］杜晓荣. 基于核心素养下"互联网＋"理念在英语教学中的应用［J］. 内蒙古教育,2018(24):109－110.

［12］高扬,钟再强. 建构主义学习理论在高中英语教学中的应用［J］. 英语教师,2020(2):163－165.

[13] 顾新华,顾朝林,陈岩. 简述"新三论"与"老三论"的关系 [J]. 经济理论与经济管理,1987(2):71-74.

[14] 郭朝红. 上海市两期课改推进与实施过程的差异比较 [J]. 基础教育课程,2019(5):6-18.

[15] 郭丽萍."线上线下"混合式教学模式在高中英语教学中的应用 [J]. 教育理论与实践,2018,38(35):55-57.

[16] 何克抗,李文光. 教育技术学 [M]. 北京:北京师范大学出版社,2009.

[17] 蒋鸣和. 在线自主学习可行的三种类型 [J]. 上海教育,2020(3):17.

[18] 李方. 教育知识与能力 [M]. 北京:高等教育出版社,2011.

[19] 李建荣. 线上线下混合式教学探索与实践 [J]. 教育教学论坛,2019(37):164-165.

[20] 李盈熠. 浅谈网络平台给高中英语学习带来的实效 [J]. 海外英语,2019(2):157-158.

[21] 刘邦奇."互联网+"时代智慧课堂教学设计与实施策略研究 [J]. 中国电化教育,2016(10):51-56,73.

[22] 刘巧月,苗建,严子微,陈妙奇,赵丽萍. 大学生在线学习的多元评价与实现——以大连海洋大学为例 [J]. 电脑知识与技术,2019,15(36):98-99.

[23] 陆跃勤. 从"树木"到"森林"到"造林" [J]. 现代教学,2008(10):36-37.

[24] 马国富,王子贤,刘太行,任建通. 大数据时代下的线上线下混合教学模式研究 [J]. 教育文化论坛,2017(2):22-24.

[25] 梅德明,王蔷. 改什么? 如何教? 怎样考? ——高中英语新课标解析 [M]. 北京:外语教学与研究出版社,2018.

[26] 漆格. 学会在线教学 [M]. 广州:广东教育出版社,2020.

[27] 史鑫. 混合教学模式下的外语教学研究——以高中英语为例[J]. 当代教育实践与教学研究,2020(13):65-67.

[28] 束定芳,汤青.《普通高中英语课程标准(2017年版)》解读:理论与实践 [M]. 上海:上海外语教育出版社,2020.

［29］谭永平. 混合式教学模式的基本特征及实施策略［J］. 中国职业技术教育,2018(32):5-9.

［30］王福兴,谢和平,李卉.视觉单通道还是视听双通道?——通道效应的元分析［J］. 心理科学进展,2016(3):335-350.

［31］王红,赵蔚,孙立会,刘红霞. 翻转课堂教学模型的设计——基于国内外典型案例分析［J］. 现代教育技术,2013(8):5-10.

［32］王勇,黄雄华,蔡国永. 信息论与编码［M］. 北京:清华大学出版社,2013.

［33］吴砥,余丽芹.大数据推进教育深度变革［N］. 中国教育报,2017-09-21.

［34］吴庆麟,胡谊. 教育心理学［M］. 上海:华东师范大学出版社,2018.

［35］夏鲁惠. 教学信息化必须面向教改实际［N］. 光明日报,2016-07-26(13).

［36］杨慧. 混合学习环境下深度学习应用模式研究［J］. 中国成人教育,2019(23):3-8.

［37］姚生军. 试论中小学英语翻转课堂的预学优化［J］. 中小学外语教学(中学篇),2015(6):1-6.

［38］叶维裕. 线上线下混合教学模式的构建与应用［J］. 广西教育·C版,2019(3):183-186.

［39］苑永波. 信息化教学模式与传统教学模式的比较［J］.中国电化教育,2001(8):26-28.

［40］张凯. 信息化教学环境的构建与实践［J］. 信息技术,2012(8):241-242.

［41］郑先良. 情感教育在高中英语课堂教学中的有效性研究［J］. 高考,2019(23):113.

［42］中华人民共和国教育部. 教育部关于印发《教育信息化2.0行动计划》的通知[EB/OL]. (2018-04-25)[2023-05-24]. http://www.moe.gov.cn/srcsite/A16/s3342/201804/t20180425_334188.html.

［43］中华人民共和国教育部. 普通高中英语课程标准(2017 年版 2020 年修订)［M］. 北京:人民教育出版社,2020.

［44］钟志贤, 杨蕾. 21 世纪的教育技术:走进教育信息化——华东师范大学祝智庭教授访谈［J］. 中国电化教育,2002(3):7－10.

［45］周炎根,桑青松. 国内外自主学习理论研究综述［J］. 安徽教育学院学报,2007,25(1):100－104.

［46］朱秋禹,刘徽. 基于自我调节学习的在线教学策略［J］. 上海教育,2020(3):54－56.

［47］朱雪龙. 应用信息论基础［M］. 北京:清华大学出版社,2001.

［48］祝智庭,彭红超. 智慧学习生态:培育智慧人才的系统方法论［J］. 电化教育研究,2017(4):5－14.

［49］祝智庭,沈德梅. 基于大数据的教育技术研究新范式［J］. 电化教育研究,2013(10):5－13.

［50］卓进,蔡春. 混合教育趋势下的未来教师——慕课时代的教师分流、转型与教师教育思考［J］. 高教探索,2015(4):105－110.

附录1:"线上导学"与中学英语课堂教学融合案例

Teaching Plan(1)
Should Ecotourism Be Allowed? (外刊阅读)

上海市市西中学　徐　厉

教学设计(一):导入微课

Teaching Objectives:

Through pre-class online learning, the students are expected to:

1. know the concept of ecotourism;

2. have a basic understanding of the text and get the meanings of some key words and expressions through independent learning;

3. foster readiness to explore more about ecotourism.

Teaching Procedures:

Steps	Students' Activities	Purposes
Background	Watch a video clip, and listen to the introduction about ecotourism.	Understand the concept of ecotourism.
Vocabulary	1. Watch the video clip, listen and repeat some new words and expressions (criticism, proximity, fuel, supervise, conservation, ambassador, recession, take ... lightly, strike home, scare off), and know their forms, pronunciations and meanings. 2. Finish a mini vocabulary quiz.	Get the meanings of the key words and expressions.

（续表）

Steps	Students' Activities	Purposes
Reading	1. Read the text and find out the main idea and the topic sentence of each paragraph. 2. Draw a mind map to show the content and structure of the text.	Get a general understanding of the text and figure out the text structure.
Exploring	1. Report feelings about the polar bear incident. 2. Find out more information about the polar bear incident and the status quo of ecotourism.	Foster readiness to explore more about ecotourism.

教学设计（二）：课堂教学

Teaching Objectives：

By the end of the period, the students are expected to：

1. get a sound understanding of the text through collaborative learning；

2. express ideas on ecotourism in appropriate language；

3. develop critical thinking and problem-solving skills.

Teaching Focuses：

1. Explore the positive and negative effects of ecotourism.

2. Voice opinions and suggestions on ecotourism.

Teaching Aids：

multimedia, blackboard, worksheet, projector

Teaching Procedures：

Steps	Students' Activities	Purposes
Review of online learning	1. Share what they have known about ecotourism from the video clip. 2. Present their mind map for the text.	Check pre-class online learning.
Deep reading	1. Select a paragraph from the text and make a detailed analysis of it through group reading and discussion. 2. Share analysis of the paragraph.	Get a sound understanding of the text and know the benefits and challenges ecotourism brings through in-depth reading and collaborative learning.

（续表）

Steps	Students' Activities	Purposes
Post-reading	A Special Hearing： 1. Select a role from a polar bear, a government official, a tourist, an environmentalist, and a local villager and discuss in groups whether ecotourism should be banned. 2. Share the group view in the hearing.	1. Further explore the rationale of ecotourism and learn to see things from different perspectives. 2. Consolidate what has been learned and develop critical thinking and problem-solving skills.
Assignments	1. Retell the text orally. 2. Write a short paragraph on the topic：My View on Ecotourism. 3. (Optional) Watch a TED talk on the living conditions of polar bears and make a summary (for intermediate-level Ss) OR do more online research about ecotourism and design a project in English to raise people's awareness of proper tourist behavior (for advanced-level Ss).	

Reading Material：

Should Ecotourism Be Allowed？

① The image was shocking, and the response was entirely predictable. The sight of a polar bear lying stricken on a beach — blood matting （缠结） the fur of its neck, with one huge paw folded under its body —

received immediate criticism globally. By the shore in the background stand a group of guides，talking to each other. One of them had a rifle(步枪)hanging casually on his shoulder. This is not something that is taken lightly. The reality, however, is considerably more complex.

② This powerful image has thrown into question the motivation for this kind of tourism，or ecotourism. Should we be in these environments at all？Are there regions in the world where nature should be left completely untouched? Does our proximity to large animals in the wild, frequently fuelled by a desire for sensational images, lead to such animals becoming accustomed to human contact? If that is the case, surely the losing side will end up paying the ultimate price for such proximity.

③ Before answering these questions, we should first consider the incident that has caught global attention. For me, this has struck home. I have recently returned from a trip to Svalbard, and indeed stood two weeks ago on the very beach where the bear was shot. The bear's death should never have happened. Was the beach examined from the ship offshore beforehand? Were the clients themselves closely supervised to prevent one becoming isolated? Was there access to flares to scare off a bear that appeared suddenly? These are standard measures for any respected operator. The incident is probably the result of a terrible systemic failure.

④ Nevertheless, the image and the incident should not be used to criticize the concept of ecotourism. In its best form, this kind of travel has very little impact, or indeed has a positive effect, on the environments where it takes place. This can be by making financial donations to conservation groups, providing income for local communities, or ensuring protection of certain areas or animals. In the case of Svalbard, visitors often become ambassadors for the endangered polar bear, increasing awareness of the fact that the far greater danger facing them is the recession of ice in the Arctic Ocean.

⑤ Ecotourism is an expanding market that brings benefits as well as challenges to the regions around the world in which it operates. Simply closing off these regions is not the answer. The key is responsibility and research before booking. When ecotourism is conducted correctly, the benefits are direct, immediate and long-lasting.

THE TELEGRAPH-SSP

Pre-class Worksheet

Part Ⅰ Introduction：What Is Ecotourism?

Definition of Ecotourism：

Ecotourism is _____ travel to _____ areas that conserves _____, sustains _____, and involves _____ and _____.

— The International Ecotourism Society

Principles of Ecotourism：

_____

_____

_____

_____

_____

Part Ⅱ Vocabulary Learning

1. Vocabulary Building

（1）criticism *n.*

the act of saying that something or someone is bad

criticize *v.*

Has there been much criticism of the polar bear incident in Svalbard?

（2）proximity *n.*

the state of being near in space or time

The two lions are in close proximity to each other.

（3）fuel *v.*

to increase or to make stronger or more intense

Her ambition of engaging in ecotourism was fuelled by her sister's achievements.

（4）supervise *v.*

to watch a person or activity to make certain that everything is done correctly, safely, etc.

supervision *n.*

The UN is supervising the distribution of aid by local agencies in the disaster area.

（5）conservation *n.*

the protection of plants and animals, natural areas, and interesting and important structures and buildings

e.g. wildlife conservation

conserve *v.*

The road development plan was revised due to the conservation project.

（6）ambassador *n.*

an official who lives in a foreign country as the senior representative there of his or her own country, or a person who represents or promotes a particular activity

The well-known actor has been appointed Tourism Ambassador for Shanghai.

（7）recession *n.*

a period when the economy of a country is not successful and conditions for business are bad, or the movement backwards of something from a previous position

With the gradual recession of the floodwater, life was beginning to return to normal.

（8）take ... lightly

to not consider a serious matter

It's not a decision that I take lightly.

（9）strike home

to hit the intended place or have the intended effect

The government's ban on wild animal trade seems to have struck home.

（10） scare off

to make people or animals go away by frightening them

Did the monster manage to scare off the boy?

2. Vocabulary Quiz

Fill in the blanks with the proper forms of the words and expressions given in the box. Use each word or expression only once.

---

criticism   proximity   fuel   supervise   conservation   ambassador   recession

take ... lightly   strike home   scare off

（1） The teacher _____ the kids playing near the pool.

（2） To some extent, all the overseas students serve as _____ for their own country.

（3） To his great surprise, his name _____ a lot of people in the local village.

（4） The site is in close _____ to an airport.

（5） His comments on my work performance _____.

（6） The president's speech _____ speculation that he is about to resign.

（7） The _____ has led to many small businesses going bankrupt.

（8） The government has _____ for not taking the problem seriously.

（9） The issue of climate change should not _____.

（10） New measures will be taken to _____ wildlife in the area.

PartⅢ   Reading for General Understanding

1. Read the text and write down its main idea and the topic sentence of each paragraph.

Main Idea：

Topic Sentence:

Para. 1 _____

Para. 2 _____

Para. 3 _____

Para. 4 _____

Para. 5 _____

2. Create a mind map for the text to show its content and structure.

_____

Part Ⅳ   Further Exploring

1. What's your first impression of the polar bear incident mentioned in the text? Write down your feelings below.

_____

_____

_____

_____

2. Search for more information about the polar bear incident and the status quo of ecotourism.

In-class Worksheet

Group Reading and Discussion：

1. Select a paragraph from the text and make a detailed analysis of it by reading and discussing together with your group members.

Para.1

Content	Language

Questions for reference：

What's the writer's impression of the polar bear incident?

What writing strategy does the writer use to describe the incident?

More questions：

....

Para. 2

Content	Language

Questions for reference：

What is doubted about ecotourism?

How do you understand the sentence "If that is the case, surely the losing side will end up paying the ultimate price for such proximity"?

What writing strategy does the writer use to present people's doubt?

More questions:

....

Para. 3

Content	Language

Questions for reference:

According to the writer, what are the possible causes of the polar bear incident?

What writing strategy does the writer use to illustrate the causes?

Who do you think may be responsible for the causes?

More questions:

....

Para. 4

Content	Language

Questions for reference:

According to the writer, what are the benefits of ecotourism?

Can you think of more benefits that ecotourism can bring?

More questions:

....

Para. 5

Content	Language

Questions for reference：

What's the writer's view on ecotourism?

Do you agree with the writer's view? Give your reasons and explanations.

More questions：

....

2. Select a group leader and share the group analysis in class.

◇ 教学设计说明

一、教材分析

本节阅读课的文本"Should Ecotourism Be Allowed?"选自英国主流媒体《每日电讯报》(*The Telegraph*),是一篇讨论生态旅游合理性的议论文,属于"人与自然"主题语境"环境保护"主题群。文本篇幅中等,内容清楚,结构清晰:作者首先通过描述一起北极熊遇袭事件引出话题(第1段),进而提出人们对生态旅游的质疑(第2段)并分析北极熊事件产生的原因(第3段),接着话锋一转,从正面角度谈论生态旅游的益处(第4段),最后发表自己对生态旅游的观点(第5段)。全文用语规范地道,文体特征明显,虽出现了一些生词和词组,但对整体理解不构成影响。

二、学情分析

教师所任教的上海市市西中学高二(4)班是理科创新班,学生整体英语能力相对较好,喜欢思考和分析,乐于学习和接受新事物、新知识,但不同学生在语言与思维能力上存在一定的差异性。对于阅读语篇所涉及的生态旅游,学生有所耳闻,然而对其准确概念及利弊仍缺乏了解。

三、设计理念

1. 线上线下融合式教学,助力学生深度学习

基于教学素材和学情分析,本课采用线上微课导学和线下课堂教学相结合的模式,通过线上线下融合式教学,促进学生深度阅读和理解文本。

线上微课旨在帮助学生对阅读文本建立初步、整体性的理解,为课堂教学做必要的准备。在线上学习中,学生观看了由教师制作的 10 分钟导学微视频,微视频主要由生态旅游概念介绍、文本核心词汇学习、泛读活动任务构成,并配以学习任务单,意在强化学习效果。学生线上观看微视频、完成学习任务单后,便能基本了解生态旅游概念,扫清阅读障碍,把握文本大意。

有了线上微课的铺垫,教师在进行全班的课堂教学时,发现学生的学习起点更趋于一致,从而能更好地推进课堂教学进度,提高整体教学效率,为后续开展深度阅读活动开辟空间和时间。线下教学与线上学习有机衔接,同时更着眼于对文本的深入分析、理解和讨论,通过小组阅读、文本段落分析和"特别听证会"活动,引导学生围绕生态旅游进行深度学习与思考,培养学生运用语言探究问题进而解决问题的能力。

2. 自主、合作学习并行,提升学生学习能力

线上微课导学中,学生自主、独立地按教学流程进行在线学习,完成相关学习任务,为深度学习做准备,而线下课堂教学则以小组合作探究和讨论为主要形式,让学生在探讨、协作中进行深度学习。线上线下融合式教学使自主学习、合作学习两种不同的学习方式得以齐头并进,线上学习旨在帮助学生提升学习主动性,增强学习自主意识,线下教学则意在提升学生合作学习、探究学习的能力。自主学习、合作学习依托线上、线下并行,进而推动学生整体学习能力的提升。

3. 以学习活动为抓手,训练学生思维品质

本课阅读文本聚焦生态旅游的合理性,是一篇典型的议论文。作者以北极熊遇袭事件为切入点,从正反两方面审视生态旅游,结构清楚,观点鲜明,文本体现出较强的逻辑性和思辨性,为培养学生的逻辑性和批判性思维提供了契机。因此在教学中,教师意图以学习活动的设计为抓手,训练学生的思维能力,提升学生的思维品质。

在线上微课中,教师让学生寻找语篇主旨句、每段主题句和为语篇画思维导图两个活动,意在引导学生把握文本框架、理清文本逻辑线,强化学生的逻辑思维能力和对文本的整体把握能力。在线下教学中,小组阅读和分享环节可推动学生对文本内容、语言作深入理解和思考,"特别听证会"的活动设计则意在促使学生从多个立场和视角(动物、官员、游客、村民、环保人士)思索生态旅游的利弊,并运用语言表达不同观点,让他们在观点交锋中学会对生态旅游的合理性进行多角度的批判性思考,从而培养批判性思维能力和问题解决能力。

◇ **专家点评**

本节课有三个亮点。首先,线上微课导学效果显著,帮助学生为课堂教学做好了准备。其次,学生对自主学习、合作学习方式非常适应。最后,学生以不同身份参与讨论,体现了因材施教,也与本次教学活动主题中的"构建适应学校整体因材施教的范式"相呼应,教学内容的取材、活动皆能适应班级学生的特点,较好地促进了学生的个性化学习与发展。

三个建议供教师参考。第一,对文本的深度学习离不开整体学习,可在分段探究的基础上进行整体分析。第二,自主学习、合作学习时可为学生搭建更多的支架。第三,"特别听证会"活动的角色设置应更多地基于文本,同时可考虑进一步增加情境的真实性。

上海市英语特级教师　刘　超

Teaching Plan(2)

The fisherman and the fish

上海市市西中学　戴　蕾

教学设计(一):导入微课

Teaching Objectives：

Through pre-class online learning, the students are expected to：

1. know about the author and cultural background of the story "The fisherman and the fish"；

2. get the meanings of some key words (hut, cottage, mayor, thunder and lightning, grant, comfort, demand) in order for a basic understanding of the text；

3. extract some key information from the text and figure out how the story develops.

Teaching Procedures：

Steps	Students' Activities	Purposes
Background	Watch a video clip, and listen to the introduction of the story "The fisherman and the fish".	Know about the cultural background of the story.
Vocabulary	1. Watch the video clip, listen and repeat some new words (hut, cottage, mayor, thunder and lightning, grant, comfort, demand), and know their forms, pronunciations, parts of speech and meanings. 2. Answer some related questions. 3. Finish a mini vocabulary quiz.	Get the meanings of the key words.

（续表）

Steps	Students' Activities	Purposes
Reading	Read the text for answers to some text-based questions on the screen.	1. Figure out the basic elements of the story. 2. Figure out how the story develops and extract some key relevant information from it in order for a basic understanding of the text.
Exploring	Think about the symbolic meanings of the characters and the moral of the story.	Foster readiness to explore more about the story.

教学设计（二）：课堂教学

Teaching Objectives：

By the end of the period, the students are expected to：

1. get a better understanding of the story with the help of the mind map and drama performance；

2. be better aware of the features of a story, especially how these features are woven to make a good story；

3. think creatively and further explore the moral of the story from different aspects.

Teaching Focuses：

1. Be aware of the description of the weather and its implications.

2. Interpret the story from different perspectives.

Teaching Aids：

pre-class micro-video, multimedia, worksheet

Teaching Procedures：

Steps	Students' Activities	Purposes
Review of pre-class exercises	1. Share their likes/dislikes about the story. 2. Have a review of the basic information of the story.	1. Activate Ss' prior knowledge and draw their attention to the key elements of the story. 2. Check what Ss have learned through self-study before class and better prepare them for the in-class exploration of the story.
Reading	1. Further reading: read for the changes of main characters' feelings, of the environment, and of characters' destiny. 2. Group work: create monologues and dialogues for the fish, the fisherman and his wife and act it out. 3. Further exploration: read the ending of the story and explore the characters' inner conflicts.	1. Encourage Ss to read carefully for details, taste the vigor of language and find the dramatic features of the story. 2. Encourage Ss to think creatively and better understand the characters' feelings. 3. Understand moral of the story better.
Post-reading	Discuss and explore the symbolic meanings of the three characters and the moral of the story.	Encourage Ss to think critically and interpret the story from different perspectives.
Assignments	Required task: Make a short video of your group play and upload it to the online platform. Optional task: For elementary-level students retell the whole story with the help of some key phrases and sentence patterns. For intermediate-level students modify or continue the story based on your understanding of the characters and moral of the story. For advanced-level students Write down your reflection on the story with regard to the characters and moral of the story.	

Pre-class Worksheet

Grade：＿＿＿＿＿＿＿   Name：＿＿＿＿＿＿＿

Part Ⅰ   Background of the Story

"The fisherman and the fish" is written by Alexander Pushkin, regarded as the greatest ＿＿＿＿＿＿＿ in Russia. Since Pushkin greatly revolutionized Russian literature with his narrative poems, novels, plays and fairy tales, he is also reputed as ＿＿＿＿＿＿

＿＿＿＿＿＿＿＿＿＿＿＿＿＿＿＿＿＿＿＿＿＿＿＿．

"The fisherman and the fish" is actually a ＿＿＿＿＿＿＿, which has its root in ＿＿＿＿

＿＿＿＿ of Russia and even the whole Europe. Therefore, the story has various versions.

Part Ⅱ   Vocabulary Learning

Watch the video clip, study these words and complete each blank with the proper word from the box in its proper form.

cottage   demand   thunder and lightning   mayor   hut   comfort   grant

1. Black clouds, ＿＿＿＿＿＿＿ show that a storm is coming.

2. The ＿＿＿＿＿＿＿ of the city ＿＿＿＿＿＿＿ to know the cause of the diseases spreading over the city.

3. Living in a ＿＿＿＿＿＿＿ is uncomfortable. That's why the fisherman's wife desired to live in a nice wooden ＿＿＿＿＿＿＿．

4. Seeing the little girl crying sadly, the policeman tried to ＿＿＿＿＿＿＿ her and ＿＿＿＿＿＿＿ her wish.

Part Ⅲ   Reading for General Understanding

Finish the plot diagram of the story with key information.

Setting：＿＿＿＿＿＿＿＿＿＿＿＿＿＿＿＿＿＿＿＿＿＿＿＿＿＿＿＿＿＿＿＿＿＿

Characters：＿＿＿＿＿＿＿＿＿＿＿＿＿＿＿＿＿＿＿＿＿＿＿＿＿＿＿＿＿＿＿

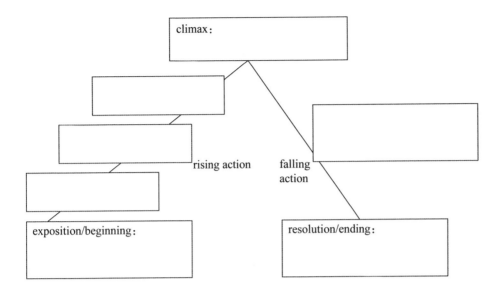

Part IV   Further Exploring

1. Draw a portrait of the fisherman or the fisherman's wife. Try to tell the personality of him/her.

2. What does the fish, the fisherman and his wife in this story symbolize respectively?

3. Do you like the story? Why or why not? Give at least two reasons.

In-class Worksheet

Grade：_____   Name：_____

Part Ⅰ   Further Reading

Writing technique 1：

The change of _____ suggests the change of _____.

Writing technique 2：

The _____ between the curve of _____ and the curve of _____

highlights the dramatic effect of the story.

Part Ⅱ   Group Work

Write down the dialogue/monologue of your group design for Scene _____.

（Character：narrator，the fisherman，the fisherman's wife，the golden fish）

character	dialogue/monologue	feeling

Part Ⅲ   Further Exploration

Give your opinion about the ending of the story and take notes while listening to others'.

With time machine,

I, _____ (the fisherman/the fisherman's wife) , would go back to Scene

_____.

I would (not) _____,

because _____.

Discuss and explore:

The fish is a symbol of _____,

The fisherman symbolizes _____,

The fisherman's wife stands for _____,

Because _____.

Part Ⅳ Assignments

Task 1(required) :Make a short video of your group play and upload it to the online platform.

Task 2(optional) :

Alternative task A: Write down your reflection on the story "The fisherman and the fish".

Alternative task B: Continue the story based on your understanding of the characters and moral.

_____

_____

_____

_____

_____

◇ **教学设计说明**

一、教材分析

本课选自《初中英语(牛津上海版)》九年级第一学期第三单元 More Practice—The fisherman and the fish。文本改编自俄国文学家普希金的童话诗,具有较深刻的寓意,容易引发学生思考。同时,生词量少,句型较为简单,学生能较为轻松地阅读、获得信息并认知完整的故事链。本文的环境描写与人物的情感、命运交织在一起,但因缺乏人物语言(独白、对话)显得有些单薄,这为本课时文本的深入教学提供了抓手。教师可以引导学生根据情节线索推理人物心理,进行创造性语言活动,从而补全故事本身带有人物对话的童话诗特征。

从单元整体看,本文属于拓展阅读的 More Practice。主课文为议论文,指导学生立论并提出充分的理由;Speaking 部分教授学生进行有理有据的抱怨;Writing 部分则是围绕主题的说明文写作,要求学生展开话题,从不同角度入手。从技能来看,本文可以在产出部分强化让学生围绕课文主旨、寓意表达个人观点,与本单元的阅读、写作技能有机融合。

二、学情分析

授课对象来自上海市市西初级中学初三数学资优班。学生语言基础较为扎实,但口语表达能力中等,部分学生偏弱。数学班的学生逻辑和批判性思维能力较强,对比较复杂的命题容易产生较为浓厚的兴趣。针对学生的这些特点,本课时的 More Practice 阅读教学通过创造性文本改写,从较为简单的文本阅读过渡到让学生深层思考文本中符号的象征意义,为今后的童话文本阅读打下基础。

三、设计理念

1. 导入微课视频,激活文本语境

课前,学生通过观看微视频了解文章相关背景知识、熟悉基本词汇,通过预习课文和完成练习梳理文本信息,为课堂的深度阅读和思维碰撞打下语言基础。微视频从背景信息、词汇导入和文章大意梳理三个方面,结合导学案上的相关习题,帮助学生全方位激活文本语境,进入课文学习的预备状态。

2. 利用导学案,融合线上线下

学生先利用微视频和导学案练习完成对课文的预习及内容的表层梳理,初步理解课文。随后,教师通过导学案了解学生对课文的理解程度,判断教学起点。课中前5—10分钟,教师带领学生回顾重点部分,巩固第一阶段的阅读理解,为后续的深度阅读打下基础。

3. 挖掘思维能力,提升文本效用

首先,通过对话设计引导学生关注文本细节,推理、判断、体会人物情感,运用对话、独白表现人物性格特征,培养逻辑思维能力。

其次,这堂课明线(人物财富权势的变化)与暗线(人物心情的变化)相结合,通过设计问题链,层层递进,步步深入,引导学生识别文中隐藏的种种矛盾,思考贪欲与幸福感的关系、人与环境的关系,培养学生的批判性思维。

最后,通过读后续写、情节改写,培养学生的创造性思维。

◇ **专家点评**

在课时有限、学生个体差异较大的背景下,用信息技术拓展学习时空,将课堂的一部分移到课前,在课堂上集中突破重难点,发展学生思维,这是很好的尝试。戴蕾老师的这堂初中英语阅读课设计精细,将教学重点聚焦到思维,通过戏剧表演体现思维培养的三个层次,帮助学生提升对人物和主题的解读。在最后的总结环节,教师将文本中的三个角色放到现代语境下,引导学生批判性地分析角色的两面性,并深入思考文本的象征意义,这些设计和对文本的挖掘有助于发展学生的思维品质。如果本堂课能更好地平衡基本的语言教学和思维发展、德育之间的关系,相信会更符合初中学生的能力要求。此外,戴蕾老师注意到了作业分层的重要性,在布置作业时照顾到了不同水平的学生,但在措辞上要避免标签化,可以用难度值来代替对水平的文字描述。

上海市英语特级教师、正高级教师　陆跃勤

Teaching Plan(3)

B1U3 Choices-Section
E Cultural Focus
A new way of eating: online food delivery services

上海市市西中学 张 蒙

教学设计(一):导入微课

Proposed Self-learning Time: 30 minutes

Materials and Aids: video, text, pre-learning worksheet

Teaching Objectives:

Through pre-class online learning, the students are expected to:

1. have a general idea of the online food delivery services in China;

2. grasp the key information (topic sentences and supporting details) in the passage to have a basic understanding of the content and the structure of the passage;

3. understand the meanings of some words and phrases (senior, groceries, drawback, permit, courier, assume, pay regard to, in the long run);

4. review the techniques to support arguments learned in A Reading and interaction and learn some new ones to identify the techniques employed in the passage.

Teaching Procedures:

Steps	Students' Activities	Purposes
Warm-up	Conduct a survey on some basic information about online food delivery services. (GW)	Activate the prior knowledge and personal experiences related to the topic.
Video watching	Listen to the introduction about the online food delivery revolution in China. (IW)	Know more about the social phenomenon of online food delivery services.
	Learn the new words and phrases in the passage. (IW)	Understand the meanings of some words and phrases in the text.
	Listen to the review of the techniques to support arguments in A Reading and interaction and the introduction of some other techniques. (IW)	Review the techniques to support arguments learned in A Reading and interaction and learn some new ones.

（续表）

Steps	Students' Activities	Purposes
Reading	Locate the topic sentences, their supporting details and find out the benefits and drawbacks set out by the writer that are not mentioned by the respondents in the survey. (IW)	Grasp some key information to have a basic understanding of the content and the structure of the passage.
	Identify the techniques employed to support arguments in each paragraph. (IW) Finish the worksheet.	Identify the techniques employed in the passage.

（IW：Individual work   GW：Group work）

教学设计（二）：课堂教学

Type of the Lesson：Reading（the 1st period）

Time：40 minutes

Materials and Aids：text，worksheet，laptop，projector，blackboard and chalks

Teaching Objectives：

By the end of the period，the students are expected to：

1. understand the benefits and drawbacks of online food delivery services set out by the writer and identify the writing purpose of the passage；

2. evaluate the supporting details that the writer provides for his arguments；

3. express their views on online food delivery services using appropriate language learned in pre-class and in-class periods；

4. become aware of the impact that food delivery services will have on our health and on the environment and know how to make right food choices in the long run.

Teaching Focuses：

1. Evaluate whether a supporting detail is persuasive enough based on the techniques learned in pre-class period.

2. Clearly state the opinions on online food delivery services from the perspective of a particular party concerned.

Teaching Procedures：

Steps	Students' Activities	Purposes
Activation	Share the results of the group survey. (IW)	Activate the background information gained during the pre-class period.
	Share the topic sentences and supporting details they have found including the benefits and drawbacks of the online food delivery services mentioned in the passage. (IW)	Have a clearer understanding of the structure and the content of the text.
Analysis & Evaluation	1. Analyze the supporting details to identify the parties concerned and think about who else can be involved. (GW) 2. Identify the techniques employed by the writer to support the arguments and learn the teacher's sample analysis of the supporting details(IW); discuss about whether the supporting details are persuasive and logical and give suggestions for improvement.(GW) 3. Think about the purpose of the passage and share their views. (IW)	1. Understand the supporting details given by the writer better. 2. Evaluate the supporting details that the writer provides for his arguments by studying the support techniques and voice their own opinions. 3. Analyze the purpose of writing.
Application	Act as one of the parties concerned and express the opinions on online food delivery services at a mock hearing.(GW)	Apply what they have learned to a real-life situation and express their views on online food delivery services using appropriate language learned in pre-class and in-class periods.
Reflection	Think about how to make right food choices in the long run and how to improve the existing online food delivery services. (IW)	Become aware of the impact that food delivery services will have on our health and on the environment and know how to make right food choices in the long run.

（续表）

Steps	Students' Activities	Purposes
Assignments	1. EITHER revise one existing supporting detail in the passage to make it more persuasive and logical OR provide one more supporting detail using a certain technique mentioned in class. 2. Make a 1-minute speech on the impact of online food delivery services from the perspective of one of the parties concerned mentioned in class. Record it and upload on the Wechat mini-app Xiaodaka. 3. Listen to a radio program on the food delivery revolution from BBC SIX MINUTE ENGLISH. *Selective: Summarize the two hosts' opinions on the impact of food delivery services and identify the views that are not mentioned in the text.	

WORKSHEET for Pre-class Learning

Class: _____   Name: _____

Part I   Warm-up (Group work)

Please conduct a survey involving at least 10 respondents （调查对象） to find out:

How often do they use the online food delivery services?	What kind of food do they usually order?
(Please draw a pie chart to show the proportion.)	
Benefits they have mentioned most	Drawbacks they have mentioned most

Part II   Watch the video and finish the following tasks

1. Vocabulary List

（1）senior *n.* = senior citizen

an older person, especially sb who has retired from work

The increasing dominance of life online can be complicated for many people, but more so for seniors who can't or won't use digital services.

（2）groceries N-PLURAL

foods you buy at a grocer's or at a supermarket such as flour, sugar, and tinned foods

The best and worst thing about shopping for groceries online is that you're not in the store. There are no long lines or broken check-out stations. But there's also no taste testing, talking to the butcher, or picking out your own perfect tomatoes.

（3）drawback *n.*

a disadvantage or problem that makes sth a less attractive idea

Do you think the drawbacks of the online food delivery services outweigh the benefits?

（4）permit *v.*

to allow sb to do sth or to allow sth to happen

Illegal restaurants that lack necessary hygiene and safety approval are not permitted to offer takeout services using online platforms such Meituan.

（5）courier *n.* = deliveryman

Besides medical staff, there were also other workers providing essential services that helped ease the difficulties of the pandemic. Couriers were among the unsung heroes.

（6）assume *v.*

to think or accept that sth is true but without having proof of it

I assume that the online delivery services will play an increasingly larger role in this fast-paced society.

（7）pay regard to＝pay attention to

Couriers are likely to receive negative reviews from customers if they arrive late, leading to a reduced bonus, so they pay less regard to safety on the roads.

（8）in the long run＝in the long term later in the future, not immediately

Do you believe that our efforts in addressing environmental problems will pay off in the long run?

2. Vocabulary Review

Fill in the blanks by using the correct forms of the words and phrases below.

---

senior grocery drawback permit courier assume pay regard to

in the long run

（1）Some teachers only "teach to the test" and don't _____ other tasks, such as inspiring students to think independently.

（2）The government is now _____ malls and restaurants to reopen if they accept a limited number of people.

（3）More and more grocery stores are offering online shopping services and delivery of _____ to your front door.

（4）The professor _____ that the number of the packaging waste would increase in the future.

（5）One of the few _____ of living in the countryside is that public services, such as litter collection, are less available than in the city.

（6）Education is more valuable than money _____.

（7）Online food ordering and delivery platforms are now in collaboration with restaurants to produce and deliver meals for _____, as there is enormous market potential in this age bracket.

（8）In 2017, Shanghai's traffic police revealed that one fatality（死亡）or injury involving _____ occurred every 2.5 days on average in the first six months of the year.

3. List the techniques to support arguments you have learned both in A Reading and interaction and in the video.

_____

_____

_____

_____

_____

Part Ⅲ Text Understanding

1. Read the passage and identify the topic sentence of each paragraph, the supporting details for each topic sentence and the techniques employed to support the arguments in each paragraph.

Paragraph	Topic sentence	Supporting details	Techniques
1			
2			
3			
4			

2. Find out the benefits and drawbacks set out by the writer in the passage that are NOT mentioned by the respondents in the survey.

Benefits	Drawbacks

WORKSHEET for In-class Learning

Class: _____   Name: _____

Part I   Deep Thinking

1. Please list all the parties concerned (people who are influenced) in the passage and think about who else can be involved.

_____

_____

2. Please discuss in groups to evaluate the supporting details in Para.3.

Raise questions or give suggestions:

Notes: _____

_____

_____

Part II   Group Discussion

Voice Your Opinions

Given many drawbacks of the food delivery services, a city government is considering banning those services. Now a hearing* is being held on whether online food delivery services should be banned. Suppose you are invited to attend the hearing, please

① choose a role from the parties concerned,

② voice your opinion on the topic with some supporting details.

1. While listening to others, please take some notes.

2. You can also respond to other members' opinions.

(* an official meeting which is held to collect facts and arguments about an incident or a problem from the parties concerned)

Notes:

Role 1: _____   Opinion: _____

_____

_____

Role 2: _____ Opinion: _____

_____

_____

Role 3: _____ Opinion: _____

_____

_____

Role 4: _____ Opinion: _____

_____

_____

Role 5: _____ Opinion: _____

_____

_____

Role 6: _____ Opinion: _____

_____

_____

Conclusion:

We have reached the agreement that _____.

/ We have not reached an agreement yet.

Part Ⅲ   Assignments

1. EITHER revise one existing supporting detail in the passage to make it more persuasive and logical OR provide one more supporting detail using a certain technique mentioned in class.

2. Make a 1-minute speech on the impact of online food delivery services from the perspective of one of the parties concerned. Record it and upload on the Wechat mini-app Xiaodaka.

3. Listen to a radio program on the food delivery revolution from BBC SIX MINUTE ENGLISH.

＊Selective: Summarize the two hosts' opinions on food delivery services and identify the views that are not mentioned in the text.

◇ **教学设计说明**

一、教材分析

（一）单元分析

本单元的主题是"选择"。A Reading and interaction 板块的语篇探讨了食物的选择及其对环境造成的影响,作者呼吁大家做出正确的食物选择,以减少人类饮食习惯对环境的影响。B Grammar activity 板块呈现了一名青少年的饮食日记,并利用这一语篇为学生创造学习和练习使用定语从句的机会。C Listening and speaking 板块通过一档广播节目,介绍了人们使用自动售货机购买食品饮料的情况,并让学生讨论交流自己使用自动售货机的经历。D Writing板块让学生学会书写日常生活中的简单应用文体 short messages。E Cultural focus 板块的语篇介绍了网上订餐这一新兴饮食方式的利弊,作者呼吁人们从长远角度出发做出正确的饮食选择。F Video 板块介绍了英国牛津考利路的餐饮情况,该地汇集了世界各地美食。

通过分析可知,本单元主题中的"选择"与饮食息息相关,探讨的主要还是食物选择对个人生活方式、个人健康与环境保护的影响。

（二）语篇分析

[主题语境]人与自我(健康的生活方式)、人与自然(自然环境保护)

[What]本篇议论文讨论了网上订餐服务的利弊,并建议人们从长远角度思考,做出正确的饮食选择。

第一段引入主题,介绍了网上订餐服务的现状,指出它正在对社会产生巨大的影响。第二段介绍了这一服务给不同人群带来的好处,如提供就业机会,帮忙于工作的人省下做饭的时间,提供更多的食物选择,对退休人员尤其是位于偏远地区的老年人有帮助。第三段介绍了该服务的弊端,如食品健康与食品安全问题,外卖骑手因追求速度无视交通规则导致事故频发,外卖包装浪费资源并产生了大量垃圾。第四段为总结建议段,指出网上订餐虽有诸多优点,但我们需要从环保角度长远考虑,做出正确的选择。作者建议大家在大多数情况下尽可能少点外卖,最好步行去超市购买所需食材,自己烹饪。

[Why]本文作者通过梳理网上订餐服务的利弊,让读者清晰地了解了网上订餐服务对社会的正面作用与反面影响,并倡导人们从长远角度看待自身的饮食选择对社会、环境的影响,期望大家做出正确的选择,健康生活。

[How]本文结构清晰,作者在第一段即直接引入所要讨论的主题 online food delivery services,并提出网上订餐服务正对社会产生巨大影响这一主观点。如前文所述,文章每段基本都能清晰定位到论点主题句(topic sentence),紧跟主题句的是作者对于论点的细节支撑信息(supporting details)。

段与段的衔接也非常自然。作者自第二段起利用鲜明的主题句让读者快速抓住"benefits"这一关键词,然后从不同利益方的角度逐一陈述网上订餐服务的好处。第三段利用转折意义强烈的"However"让读者理解后文阐述的内容与前段呈转折关系。第四段以"There are many advantages of these services, but ..."开头,既承接上文对于好处的描述,又以"but"转折引出作者自己的观点,倡导健康的生活方式。

但本文作者的论据缺少事实与数据的支撑,专家的言论也没有可靠的出处,教师可利用这一点引导学生进行批判性思考,对语篇进行适当的分析与评价。

语篇整体语言简洁,也无过多生难词,学生理解无大碍。

二、学情分析

教师所执教的班级为上海市市西中学高一(4)班,该班为理科创新班,共 34 名学生,其中女生 19 名,男生 15 名。经过近一个月的观察了解,可知该班学生整体上已养成了较好的学习习惯,上课积极性很高。由于学生在理科学习方面具有优势,有较强的批判性思维能力,因此他们很乐意主动提出问题与同伴或老师分享探讨。此外,学生也喜欢多种互动模式与多种学习方式。

本语篇语言难度较小,结构较为清晰,学生在理解语篇内容与结构上不会遇到很大障碍。至于语篇话题,虽然学生或其家人都有网上订餐的经历,但他们一般不会主动反思日常生活中稀松平常的订餐服务对个人生活及社会环境的影响。因此,教师必须为学生提供一定的背景信息,让他们积极参与阅读活动,并设计合适的学习活动,让学生能够自由表达。

通过《高中英语(上教版)》必修第一册前两个单元中占比较大的说明文语篇学习,学生已经积累了一定的信息搜索定位能力,并掌握了寻读与扫读等阅读技巧。而在第三单元第一板块中,学生也已接触了议论文写作中作比较、给数据等论证方法,因此教师在本篇语篇学习中可拓展论证方法,并结合批判性思考,让学生分析论据是否有力。

三、设计理念

1. 落实核心素养,实践英语学习活动观

在英语学习活动观的指导下,教师应设计指向培养学科核心素养的一系列学习活动,基于主题情境可分为以下几类:获取与梳理、概括与整合、实践与内化、分析与评价、迁移与创新。

课前学习活动一般属于获取与梳理类型,学生通过观看微视频、自主开展调查活动、完成学案,将对语篇主题与主要信息基本有所了解。而在设计课中学习活动时,教师更关注实践、分析、评价等活动的运用,结合多种互动交流方式引导学生阐释、评价、分析语篇,并运用新知识获得积极的价值观。

此外,教师可利用新版《课程标准》中提出的学业质量水平,衡量英语学科核心素养的落实情况,本课的教学目标就是根据预期学生达到的学业质量水平来设定的。

2. 关注主题意义,促进单元整体教学

英语教学应以主题意义为引领,以语篇为依托,整合语言知识、文化知识、语言技能和学习策略等学习内容。

教师分析、整理、总结了本课语篇在课程内容六要素中相匹配的教学内容。结合本单元的主题"选择",教师发现与主题意义关联最为密切的为 A、E 两大板块(均介绍了饮食选择对自身健康与社会环境的影响),因此教学时应着重关注这两个板块的学习活动设计衔接。而从学习内容来看,单元内部也有衔接,比如 Section A 中语篇在 Deep reading 板块强调对观点论据形式的分析,这一知识点可迁移至 E Cultural focus 语篇的学习。又如教师设计的课后作业中有一项涉及英国的外卖行业发展,这既能衔接主语篇的教学,又能关联 Video 板块对英国牛津地区食物的介绍。

3. 融合线上线下,引导学生自主学习与深度学习

本课采用课前预学模式,利用微视频进行阅读导入,在微视频中对话题背景、文本核心词汇、写作技巧等进行回顾介绍,并利用课前学案帮助学生梳理文本内容与结构,落实获取与梳理类型的学习活动。学生在课前观看微视频、完成学习任务单后,便能基本扫清阅读障碍,基本把握文本大意,有效推进教学进度。

课堂上,教师针对学生课前学案的完成情况进行回顾与总结,进而带领学生深度学习语篇,提升思维品质。

此外,微视频作为课前的线上自学材料,能促进学生的学习主动性,提高学生自主学习、独立学习的能力。

◇ **专家点评**

首先,新教材到底新在哪?"双新"实施过程中新教材的教学情况如何?另外,相较于市西中学之前的实践,近年来"线上导学"融入线下英语课堂教学有何突破?可以发现,上教版新教材中的话题内容与社会发展和学生生活实际联系紧密,这有助于激活学生的语言学习背景。在张老师的教学中,我感受到了"线上导学"对课堂教学的促进作用——帮助学生把握文章基本结构内容,为课堂上的深度阅读与深度思考奠定了基础。本课中,"线上导学"与线下教学融合时,不再只关注背景知识与语言,而更注重"导"。张老师课前设计的小调查活动不仅能让学生收集主题相关信息,更能培养学生分析信息的能力,我认为此类活动不仅适用于课前线上导学阶段,也可作为课后活动进行拓展学习。此外,在本节课中,我还观察到了真实的师生互动,教师基于学生语言产出进行追问,体现了真正的交流。在这里也要提醒教师,应注重学生的过程体验。在张老师的教学活动设计中,我觉得让学生以不同身份谈论对网上订餐服务的看法,能建立起学生所学与社会生活的联系,启发学生换位思考,使学生真正理解、运用所学的知识。

最后,我希望教师能够真正分析好学情,而不是停留于表面,要找准学生的学习起点与教学定位,以此为基础提出合适的教学要求与教学目标,降低学生理解与输出的难度,真正做到与学情相契合。在教学中,也应层层推进,使学生自然生成,而非教师强行输入。

上海市英语特级教师、特级校长　何亚男

附录2:线上线下融合式教学学生问卷调查报告

本次问卷调查有效填写人次为359,其中高一241人,占67.13%,高二68人,占18.94%,高三50人,占13.93%。

1. 你更喜欢哪种教学模式?

选项	比例
A. 线下面对面课堂教学	39.28%
B. 单纯的线上网络教学	10.03%
C. 线上线下融合式教学	50.7%

2. 你认为传统课堂与信息化课堂是否有必要结合?

选项	比例
A. 有必要	69.36%
B. 没必要	7.8%
C. 无所谓	22.84%

3. 你了解线上线下融合式教学的含义吗?

选项	比例
A. 基本了解	55.43%
B. 了解一点	39.28%
C. 完全不了解	5.29%

4. 你使用线上线下融合式教学的起点是什么?

选项	比例
A. 配合教师教学	57.94%
B. 自主学习	28.97%
C. 还未使用	13.09%

5. 你认为在线学习会改变学生的学习方式吗？

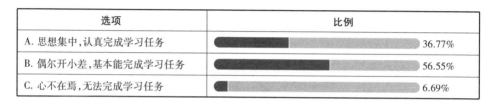

选项	比例
A. 积极改变	62.12%
B. 不会影响	21.17%
C. 消极改变	16.71%

6. 你在线上学习的状态是怎样的？

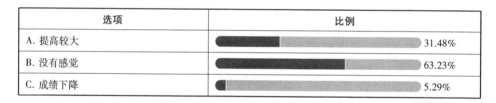

选项	比例
A. 思想集中，认真完成学习任务	36.77%
B. 偶尔开小差，基本能完成学习任务	56.55%
C. 心不在焉，无法完成学习任务	6.69%

7. 你认为线上线下融合式教学是否能提高你的英语成绩？

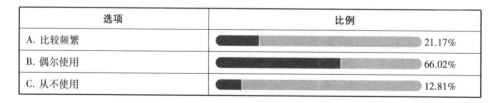

选项	比例
A. 提高较大	31.48%
B. 没有感觉	63.23%
C. 成绩下降	5.29%

8. 你所在学校的教师使用线上线下融合式教学的情况是怎样的？

选项	比例
A. 比较频繁	21.17%
B. 偶尔使用	66.02%
C. 从不使用	12.81%

9. 如果采用线上线下融合式教学，你认为每周课外的线上自学时间多长最合适？

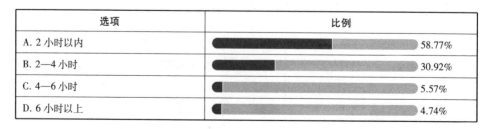

选项	比例
A. 2 小时以内	58.77%
B. 2—4 小时	30.92%
C. 4—6 小时	5.57%
D. 6 小时以上	4.74%

10. 你曾经使用过哪些英语线上教学资源？（可多选）

选项	比例
A. 听说类（如：趣配音）	58.22%
B. 词汇类（如：百词斩）	69.36%
C. 阅读类（如：薄荷阅读）	29.81%
D. 课程类（如：网课学习）	64.62%
E. 视频类（如：原版影片）	62.67%
F. 其他	1.39%

11. 在学习过程中，你比较喜欢哪一类教学资源？（可多选）

选项	比例
A. 文本资料	62.12%
B. 教学课件	53.2%
C. 学习任务书	28.41%
D. 教师微课	45.4%
E. 视频音频	61.28%
F. 作业练习	31.48%
G. 问卷调查	18.38%
H. 话题讨论	32.31%
I. 其他	1.95%

12. 你的学习进程一般是怎样的？（可多选）

选项	比例
A. 单元导学—教材—文本资料—视频资料—课堂讨论—完成作业	65.18%
B. 视频资料—文本资料—教材—完成作业—其他	32.87%
C. 文本资料—视频资料—完成作业—其他	28.41%
D. 完成作业—文本资料—视频资料—其他	25.91%
E. 其他	0.84%

13. 你认为线上线下融合式教学有什么优势？（可多选）

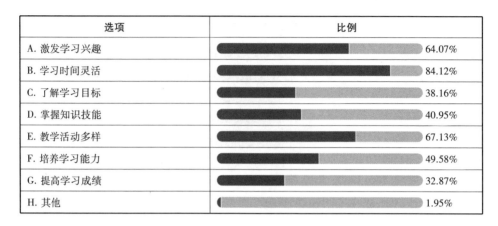

选项	比例
A. 激发学习兴趣	64.07%
B. 学习时间灵活	84.12%
C. 了解学习目标	38.16%
D. 掌握知识技能	40.95%
E. 教学活动多样	67.13%
F. 培养学习能力	49.58%
G. 提高学习成绩	32.87%
H. 其他	1.95%

14. 在线下教学中你最喜欢哪一类活动？（可多选）

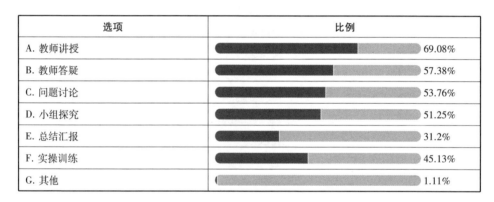

选项	比例
A. 教师讲授	69.08%
B. 教师答疑	57.38%
C. 问题讨论	53.76%
D. 小组探究	51.25%
E. 总结汇报	31.2%
F. 实操训练	45.13%
G. 其他	1.11%

15. 在线上教学中你最喜欢哪一类活动？（可多选）

选项	比例
A. 文本学习	53.48%
B. 观看微课	68.52%
C. 在线测试	27.02%
D. 讨论交流	45.96%
E. 资料搜集	41.78%
F. 探索作业	41.5%
G. 学习任务	32.87%
H. 案例分析	43.18%
I. 其他	1.95%

16. 你认为线上线下融合式教学中存在的主要问题是什么？（可多选）

选项	比例
A. 自主学习能力	59.05%
B. 自我控制能力	74.37%
C. 网络操作水平	30.92%
D. 资源枯燥乏味	26.46%
E. 学习活动设计	24.51%
F. 缺乏交互性	44.85%
G. 课程难易度	30.08%
H. 学习任务时间紧	32.31%
I. 其他	1.39%

17. 你平常学习时遇到问题是怎样解决的？（可多选）

选项	比例
A. 放任不管	9.75%
B. 上网搜索	74.65%
C. 查阅辅导书	58.5%
D. 与同学交流讨论	77.99%
E. 询问教师	71.31%
F. 观看网课学习	27.3%
G. 论坛发帖咨询	11.7%
H. 自己苦思	38.44%
I. 其他	1.11%

18. 在课程考核方案中，你认为以下哪项是评价的重点？（可多选）

选项	比例
A. 在线时长	46.24%
B. 登录课程次数	38.44%
C. 参与课堂讨论情况	66.3%
D. 课后作业完成情况	76.04%
E. 单元测试	52.09%
F. 期末测试	50.7%
G. 其他	1.67%

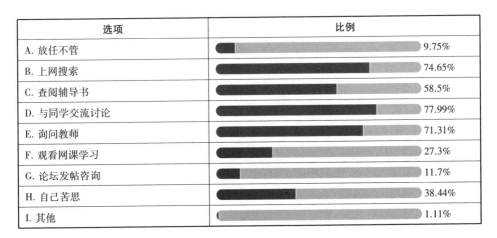

19. 你希望以后的线上线下融合式教学在哪些方面进行完善？（可多选）

选项	比例
A. 单元导学	47.63%
B. 主题设计	49.03%
C. 活动设计	55.71%
D. 教学资源	49.58%
E. 硬件配置	40.39%
F. 教师督促	33.15%
G. 作业设计	45.96%
H. 评价方式	29.25%
I. 其他	1.39%

20. 请你谈谈对线上线下融合式教学的感受与看法，说明其存在的问题并提出建议。

后记

在全球防疫背景下,在多方帮助下,《当传统教学邂逅线上设计——"线上导学"与中学英语课堂教学的融合》书稿历时两年多终于完成,如今即将付梓,实属不易。

2019年初,在上海市教委和静安区教育局的统一部署下,上海市第四期普教系统名校长名师培养工程"攻关计划"英语张芸基地、静安区高中英语实训基地先后成立。

"'线上导学'与中学英语课堂教学的融合"这一概念,始于攻关项目问题的提出。一方面,目前传统班级集中制教学方式及学习方式相对单一,学生以被动接受式学习为主,中学英语课堂教学针对真实语境下或虚拟语境下的语言实践活动尚不充分。另一方面,中学英语教学设计缺乏针对"网络原住民"的线上自主、独立、合作、探究学习优势的挖掘和开发,围绕课程标准和教学目标的线上教与学的资源尚未得到充分开发和利用。此外,新版《课程标准》所提出的语言知识、语言技能、文化意识、思维品质、学习策略等未能通过一种新的有效的教学模式整合,造成英语学科核心素养落地不充分。之后,蒙上海市第四期普教系统名校长名师培养工程"高峰计划"董君武校长工作室不弃,基地成员一起探讨、研究基于人工智能平台的线上线下融合式教学的设计,相关概念逐渐清晰。2020年底,基地著作获"双名工程"成果孵化立项。

在两年多的时间里,集中研修并分工撰写本书成了基地重要的工作任务。所有成员全程参与研修活动和书稿撰写,董君武校长作为特聘专家对基地一系列集中研讨与展示活动给予了大力支持,市教委相关职能处室直属单位领导,专家何亚男、张育青、汤青、陆跃勤、金怡、吴文涛、刘超等,高校专家陈坚林、吴其尧、潘鸣威、邹为诚等,以及上海市市西中学、上海市育才中学、华东模范中学、同济大学第二附属中学等校领导,在基地面向全市的集中研修与展示活动中提供了悉心的指导。

在课题研究过程中,市教委教研室多次组织专家对开题论证、中期报告等进行过程性指导,为我们的研究指明了方向;市师资培训中心、上海教育出版社多次请专家为书稿问诊把脉,针对书名、结构、文本表达等提出专业精到的建议,为本书的出版提供了科学的技术支持。在撰写过程中,基地全体成员几易其稿,每一次研究讨论与修改完善对大家而言都是认真领会教育理论、艰难探寻教育本质、准确把握教育规律、坚定践行教学实践的过程。本书是基地的合作研修成果,倾注了全体成员的共同努力,凝聚着全体成员的集体智慧。其中,市西中学英语教研组戴蕾、徐厉、张蒙、何仰东等老师,原静安赵晶晶-张芸英语工作室韩叶淼、王瑞凤老师,光明中学刘抒洁老师,晋元高级中学附属学校吴雯老师,都给予了有力的支持。

在此,对向我们提供指导、帮助及支持的所有领导、专家和教育同仁表示最真挚的感谢!

回顾基地一路走来的历程,可用以下几个关键词提炼出六个阶段:建立课题、专家引领;双新助推,双"新"增值;疫情不误,线上生花;阅读经典,强基益理;同伴互助,优势叠加;专著汇总,水到渠成。罗凤琴、周杰、张芸负责全书目录编制、提纲撰写、人员分组,以及审稿、磨稿与统稿。各章执笔人员分工如下:第一章由周杰、肖丹、朱国祥、庄文君、徐厉、朱婷婷、吉栋磊、潘斐、周捷撰写,第二章由王萍、徐鸣、孙颖、刘巧灵、施翎、刘抒洁、戴蕾撰写,第三章由周捷、宗菲、刘骁、陈译文、韩叶淼、马文莉、陈永清、张芸撰写,第四章由罗凤琴、梁俊芳、李军、张立、罗建军撰写,第五章由董亚男、王瑞凤、吴雯、张蒙、何仰东、陆蓉蓉撰写。

受限于团队的经验与水平,对于"'线上导学'与中学英语课堂教学的融合"

概念及其内涵、特征等方面的阐述难免存在值得商榷之处,需要我们以更深入的研究与实践,让"'线上导学'与中学英语课堂教学的融合"成为更多人理解并信服的教育理念。我们真诚期待专家和同仁的批评、指导能够促使我们的研究与实践进一步丰富与完善。

张　芸

2023 年 4 月于上海

图书在版编目（CIP）数据

当传统教学邂逅线上设计："线上导学"与中学英语
课堂教学的融合 / 罗凤琴，周杰，张芸著. — 上海：上海
教育出版社，2023.5
ISBN 978-7-5720-1981-4

Ⅰ.①当… Ⅱ.①罗… ②周… ③张… Ⅲ.①英语课 –
课堂教学 – 教学研究 – 中学 Ⅳ.①G633.412

中国国家版本馆CIP数据核字(2023)第070587号

总 策 划　刘　芳　公雯雯
责任编辑　周琛溢
封面设计　陈　芸

当传统教学邂逅线上设计："线上导学"与中学英语课堂教学的融合
罗凤琴　周　杰　张　芸　著

出版发行　上海教育出版社有限公司
官　　网　www.seph.com.cn
地　　址　上海市闵行区号景路159弄C座
邮　　编　201101
印　　刷　启东市人民印刷有限公司
开　　本　700×1000　1/16　印张 13　插页 1
字　　数　220 千字
版　　次　2023年7月第1版
印　　次　2023年7月第1次印刷
书　　号　ISBN 978-7-5720-1981-4/G·1780
定　　价　58.00 元